AF341203

Télétravail : travailler en vivant mieux

Philippe PLANTEROSE

Télétravail : travailler en vivant mieux

EYROLLES

Éditions Eyrolles
61, bd Saint-Germain
75240 Paris Cedex 05
www.editions-eyrolles.com

© Groupe Eyrolles, 2014
ISBN : 978-2-212-55847-0

Sommaire

Partie 1. Quels sont les avantages du télétravail ?

Avant-propos

Le télétravail décolle en France, mais avec retard par rapport aux pays du nord de l'Europe, aux États-Unis et au Japon. Après bien des attentes et des commentaires journalistiques, il prend place petit à petit dans notre environnement. Les accords d'entreprise se multiplient et les projets d'espaces de *coworking* voient le jour dans les principales agglomérations françaises, tandis que de petits télécentres éclosent dans les régions rurales.

Nous sommes en train de vivre une nouvelle révolution du travail. Après celle appelée industrielle, nous entrons dans celle du numérique permettant aux outils d'interagir avec notre cerveau pour traiter et échanger des informations, manipuler les médias, rendre les objets virtuels, créer des robots intelligents et demain, qui sait ? Nous marchons vers une nouvelle ère où pouvoir travailler à distance grâce aux technologies de l'information va modifier en profondeur notre manière d'appréhender nos conditions de vie.

En effet, depuis toujours, les hommes ont été contraints de se rendre dans un lieu déterminé pour exercer leurs activités professionnelles : les agriculteurs sur leurs terres, les ouvriers dans leurs usines, les commerçants dans leurs magasins, le personnel administratif dans les bureaux de leur entreprise ou de l'administration, les médecins dans leurs hôpitaux ou leurs cabinets, les enseignants dans leurs écoles, etc. De là sont nés les villes, les usines, les grands ensembles de bureaux et d'affaires. Cependant, cette concentration par zone d'habitat, par zone industrielle, par zone d'affaires et par zone d'activités entraîne des déplacements quotidiens domicile-travail parfois kafkaïens avec ses embouteillages, ses affluences, ses retards et une généralisation du stress pour chacun.

Avec le développement d'Internet et des outils numériques, et demain des robots intelligents interconnectés, il en sera sans doute autrement, puisque se rendre tous les jours dans un lieu déterminé pour exercer une activité professionnelle n'est plus une obligation en tant que telle. Désormais, 50 % des actifs pourraient télétravailler en partie, comme l'a exposé le rapport du Centre d'analyse stratégique auprès du Premier ministre en 2009.

Dès à présent, grâce aux technologies de l'information et de la communication (TIC), le travail derrière un écran peut s'effectuer n'importe où : au domicile, en voyage, à l'hôtel, ou encore dans un espace dédié, à l'unique condition de posséder un terminal numérique comme un ordinateur portable, un *netbook*, une tablette, voire un smartphone. Pour faire son travail, il suffit de se connecter à Internet avec un débit suffisamment important pour transmettre et recevoir les données informatiques. Demain, certains pourront piloter des robots à distance, que ces derniers se trouvent dans les champs, sur la route ou dans des hôpitaux, à l'image de ce que l'on peut faire avec des drones.

Malgré tout, en France, le télétravail reste mal connu dans ses différents aspects, bien qu'il s'installe dans les habitudes de manière informelle, un peu comme M. Jourdain faisait de la prose sans le savoir. On estime, d'après des sondages effectués début 2013 auprès des entreprises, que 15 % à 17 % des actifs télétravailleraient plusieurs heures par semaine *via* Internet en utilisant des terminaux d'entreprise ou leurs propres compagnons numériques. C'est la pratique du BYOD, abréviation de l'anglais « *Bring your own device* » : « Apportez vos appareils personnels », qui se développe comme une traînée de poudre.

Or s'il est possible de travailler en dehors des locaux de l'entreprise, le télétravail est encadré par la loi, ce que semblent ignorer bon nombre de nos concitoyens. C'est l'une des raisons de l'existence de ce guide : remettre un peu d'ordre à la fois dans les idées et les pratiques, nul n'étant au-dessus des lois.

Afin d'appréhender les différents aspects du télétravail, nous vous proposons de l'aborder en trois parties :

– Première partie : Quels sont les avantages du télétravail ?

Nous allons présenter ici les avantages que l'on peut en tirer, que l'on soit salarié, agent de la fonction publique, cadre, demandeur d'emploi, créateur de sa propre activité, ou responsable d'une organisation.

– Deuxième partie : Comment faire du télétravail un succès ?

Nous vous proposerons des recommandations et préconisations nécessaires pour que le télétravail vous apporte la satisfaction que l'on peut en attendre tout en évitant les erreurs et les pièges qui parfois l'accompagnent.

– Troisième partie : Quelles sont les conditions juridiques pour télétravailler ?

Dans cette troisième et dernière partie, nous vous présenterons les dispositions du Code du travail et de l'Accord National Interprofessionnel (ANI) du 19 juillet 2005 qui s'imposent dès lors que l'on travaille en dehors des locaux d'un employeur en utilisant les technologies numériques.

En fin d'ouvrage, vous trouverez en annexe tous les textes de référence mentionnés dans ce guide.

Nous tenons ici à remercier toutes celles et tous ceux qui, depuis 1998, nous ont accompagnés dans la mise en place et le développement du télétravail au sein ou en dehors de l'Association française du télétravail et des téléactivités, ainsi que ceux et celles qui nous ont sollicités pour répondre à leurs problèmes ou à leurs besoins, et sans qui nous n'aurions pu inventorier toutes les réponses à apporter dans cet ouvrage.

Introduction

Qu'est-ce que le télétravail ?

D'une manière générale, on appelle « télétravail » le fait de pouvoir travailler à distance, quel que soit le lieu où l'on se trouve en utilisant les TIC.

Le télétravail s'effectue grâce aux outils terminaux comme les portables informatiques, les tablettes, voire les smartphones en se connectant à Internet par le Wi-Fi, le WiMAX, la 3G, la 4G ou par satellite. La visiophonie ou la webconférence peuvent être assimilées à du travail à distance dans la mesure où elles permettent d'être en réunion de travail en dépit de l'éloignement physique des participants, sans pour autant pouvoir parler de télétravail sur le plan du droit.

En effet, pour les entreprises, et dans le domaine juridique, une première définition a été donnée par l'ANI du 19 juillet 2005 portant sur le télétravail des salariés par son article 1 : « Le télétravail est une forme d'organisation et/ou de réalisation du travail, utilisant les technologies de l'information dans le cadre d'un contrat de travail et dans laquelle un travail, qui aurait également pu être réalisé dans les locaux de l'employeur, est effectué hors de ces locaux de façon régulière […] Le télétravailleur désigne toute personne salariée de l'entreprise qui effectue soit dès l'embauche, soit ultérieurement du télétravail tel que défini au premier alinéa. »

Depuis le 29 février 2012, une autre définition juridique a été votée par l'Assemblée nationale pour faire entrer le télétravail dans le Code du travail. Le texte a été publié au *Journal officiel* dans la loi n° 2012-387 du 22 mars 2012, appelée Loi Warsmann. Il ajoute trois articles au Code du travail, dont l'article L. 1222-9 : « Le télétravail désigne toute forme d'organisation du travail dans laquelle un travail qui aurait également pu être exécuté dans les locaux de l'employeur est effectué par un salarié hors de ces locaux de façon régulière et volontaire en utilisant les technologies de l'information et de la communication dans le cadre d'un contrat de travail ou d'un avenant à celui-ci. »

On retiendra que le télétravail est le fait d'effectuer ses tâches en dehors des locaux de l'employeur grâce aux TIC de la même manière que si la personne s'y trouvait.

Pour les agents de la fonction publique, la loi n° 2012-347 du 12 mars 2012, en son article 133, précise : « Les fonctionnaires relevant de la loi n° 83-634 du 13 juillet 1983 portant droits et obligations des fonctionnaires peuvent exercer leurs fonctions dans le cadre du télétravail tel qu'il est défini au premier alinéa de l'article L. 1222-9 du Code du travail. »

Ainsi, la définition juridique du télétravail s'applique aussi bien au secteur privé qu'au secteur public.

Définition du télétravail pour les indépendants

Il n'existe pas de définition juridique pour les indépendants et les free-lances. On peut cependant considérer qu'ils télétravaillent dès lors qu'ils utilisent les terminaux numériques comme principaux outils de travail afin de réaliser leurs tâches de production et de communication avec leurs donneurs d'ordre ou leurs clients. C'est le cas des télésecrétaires, traducteurs, infographistes, informaticiens, formateurs, la totalité des métiers du Web, etc.

Le télétravail des indépendants englobe également les nouvelles pratiques de travail à distance des professions libérales comme les architectes, les juristes, les experts-comptables, les médecins, les agents d'assurances, certaines professions paramédicales, les consultants, etc.

En réalité, avec le télétravail, nous appréhendons nos activités professionnelles différemment, avec toutes les conséquences géographiques, économiques, sociales et environnementales qui en découlent. Nous commençons seulement à entrevoir les évolutions futures des relations internes des entreprises et des services publics, ainsi que la manière de concevoir l'aménagement du territoire.

Les différents types de télétravail

Recourir aux TIC permet de travailler, quel que soit le lieu où l'on se trouve, dès lors que l'on peut se connecter à Internet. Afin de spécifier à la fois ce lieu de travail et la manière d'exercer son activité, il s'est mis en place une typologie pour désigner telle ou telle forme de télétravail.

Le télétravail chez soi

Il s'agit de travailler à son domicile, le plus souvent dans une pièce de la maison ou de l'appartement qui y est consacrée. Mais des architectes ont imaginé des structures de bureaux prêts à l'emploi que l'on positionne dans son jardin. On parle de « bureau de jardin » ou de « *garden office* ».

Le télétravail pendulaire ou alternant

Il correspond au fait de pouvoir travailler certains jours dans les locaux de l'employeur et à d'autres moments à son domicile, en alternant les périodes de travail. Le rythme le plus fréquemment observé est de deux ou trois jours par semaine à domicile, le restant dans les locaux de l'employeur. Il existe d'autres types d'alternances : une semaine chez son employeur et les trois semaines suivantes à la maison ou dans un télécentre.

Le télétravail en télécentre

Il se définit comme l'exercice d'activités dans des locaux adaptés au télétravail et proposant des prestations de services correspondant aux besoins des télétravailleurs. Ces locaux s'apparentent aux centres d'affaires dans lesquels les services en technologies de l'information seront prioritaires, comme le très haut débit à 1 gigabit, le débit synchrone et la visiophonie.

Le télétravail en espace de « coworking »

Dans les espaces de *coworking* on trouve des télétravailleurs exerçant le plus souvent la même activité, ou des activités complémentaires. Contrairement aux télécentres, ces lieux sont souvent autogérés par une association des usagés et comportent fréquemment un bar, parfois une bibliothèque, une ou des salles de réunion commune, etc. Le premier espace de *coworking* implanté à Paris est La Cantine. D'autres s'ouvrent au fur et à mesure dans la plupart des grandes agglomérations.

Le télétravail en « smart work center »

Les « *smart work centers* » désignent des locaux de taille importante permettant d'apporter à tous les télétravailleurs, les « *geeks*[1] », les salariés des entreprises des TIC, ainsi que les « nomades », l'ensemble des moyens et des ressources nécessaires pour travailler au mieux : *open lounge* avec bar, bureaux fermés pour recevoir des clients, salles de réunion et de visiophonie, garderie pour enfants, restaurants, conciergerie, etc. Ce concept s'est développé principalement aux Pays-Bas et en Belgique et devrait faire son apparition en région parisienne et aux abords des grandes agglomérations.

___

1 Terme argotique américain désignant des personnes très pointues sur un sujet donné et totalement passionnées par les TIC.

Le télétravail « nomade »

Comme son nom l'indique, le nomadisme consiste à travailler lors de déplacements grâce aux terminaux TIC (portables informatiques, smartphones, tablettes), et à la 3G, la 4G ou au Wi-Fi, et ce quel que soit l'endroit : hôtel, bar, restaurant, gare, aéroport, etc. Le nomadisme est fortement répandu dans la mesure où il est effectué par les cadres supérieurs, les commerciaux et de nombreux indépendants.

Le télétravail occasionnel

Il s'exerce occasionnellement (par exemple, les jours de grève ou d'intempéries), d'ailleurs, il est prévu par les textes officiels lors de graves épidémies ou pandémies.

En fait partie également le télétravail accordé pour ne plus subir la fatigue due au transport domicile-travail en cas de maternité comme chez Capgemini, pour les seniors s'ils ont des problèmes de santé (Banque de France, OCIRP, Canal +), ou encore les personnes atteintes d'une maladie invalidante (Mairie de Paris). Citons ici le cas exemplaire de la Macif qui ouvre le télétravail aux personnes aidantes obligées de rester auprès d'un proche pour le soigner et s'en occuper, ainsi qu'aux salariés qui souffrent d'une maladie invalidante comme un cancer, comme le précise l'article 3 de l'accord d'entreprise : « Ce mode d'organisation est ouvert aux salariés rencontrant des problèmes particuliers et ponctuels dans leur vie privée pouvant être résolus par leur présence à domicile, soit par la suppression de leur temps de transport. »

Pour éviter toute polémique à la lecture de ce paragraphe, nous devons insister sur le fait que la loi impose que le salarié soit volontaire, comme nous l'étudierons dans la troisième partie de cet ouvrage.

Le « homeshoring »

C'est le type de travail des centres d'appels, dont les télé-conseillers travaillent à domicile. Ils n'ont plus à se rendre dans les locaux d'un employeur, mais peuvent travailler chez eux grâce à leur ordinateur et en se connectant à la plate-forme du centre d'appels. Ils utilisent la voix sur IP et les interfaces Web.

Le télétravail à la demande

Le conseil général du Puy-de-Dôme a innové en mettant en place ce type de télétravail, qui, comme son nom l'indique, est déclenché par la demande de l'agent à son supérieur hiérarchique pour effectuer des tâches précises. Dans la plupart des cas, le lieu d'exécution du télétravail se situe au domicile de l'agent. Une procédure simple a été mise en place qui correspond assez bien à la culture des administrations.

Le télétravail libre ou « workshifting »

Cet autre type de télétravail consiste à « déplacer » le travail vers l'endroit et le moment le plus adapté. Il est principalement observé dans les entreprises de culture américaine ou anglo-saxonne comme Intel ou Citrix. Il s'agit de donner aux salariés l'autonomie leur permettant de choisir leur lieu de travail en fonction des tâches à effectuer. Dans les locaux de l'employeur ? Chez eux ? C'est au salarié de décider de travailler à tel ou tel endroit et ce en fonction de ce qu'il doit faire dans la journée et au cours de la semaine. Le *workshifting* permet de gérer la performance des entreprises et des individus, comme le souligne Citrix dans une note de synthèse publiée en novembre 2011.

Le télétravail gris

Le télétravail gris se pratique en dehors des dispositions juridiques prévues par le Code du travail et l'ANI du 19 juillet 2005. Les conséquences peuvent être préjudiciables pour l'employeur comme pour le salarié, alors qu'il est relativement simple de régulariser la situation. C'est tout l'objet de ce livre que d'apporter les bonnes réponses afin d'y remédier.

Qui peut télétravailler ?

Le télétravail ne peut s'effectuer que si les conditions matérielles et humaines le permettent. Par exemple, ne peuvent télétravailler que ceux qui utilisent un terminal numérique permettant d'exécuter les tâches à accomplir. Sont en conséquence exclus ceux et celles qui transforment de la matière et utilisent des machines, manipulent des objets importants, ainsi que ceux qui reçoivent du public ou doivent être en contact avec lui. En effet, il ne faudrait pas éliminer la dimension humaine inhérente aux métiers de la santé, de l'éducation, de la négociation commerciale, etc.

D'autre part, il faut que le collaborateur soit suffisamment autonome, responsable, professionnel et puisse exercer certaines activités en restant seul, sans devoir recourir à d'autres collègues en permanence.

EN PRATIQUE

L'accord d'entreprise d'Oracle énonce que :

« Sont éligibles au télétravail les salariés dont le travail et l'activité en télétravail ne gênent pas le fonctionnement de leur équipe de rattachement et ne nécessitant pas un soutien managérial rapproché.

Les critères d'éligibilité sont entre autres :

- la nature du travail ;
- la capacité du salarié à travailler de façon régulière à distance ;
- la configuration de l'équipe ;
- la performance du salarié à son poste. »

Ce texte permet suffisamment de souplesse aux managers pour valider les demandes de télétravail sur des critères à la fois organisationnels mais aussi comportementaux.

D'une manière générale, les principaux services concernés par les accords d'entreprise signés sont les suivants :

* la recherche ;
* le marketing ;
* les RH ;
* les finances ;
* le juridique ;
* l'après-vente ;
* les renseignements commerciaux ;
* les commerciaux ;
* les consultants et les conseillers ;
* les services informatiques ;
* les services administratifs et comptables ;
* les services de la communication, etc.

Et ce dans la quasi-totalité des secteurs économiques de l'agriculture, de l'agroalimentaire, de l'industrie, du bâtiment, des services et du commerce.

En 2009, le rapport du Centre d'analyse stratégique a inventorié l'ensemble des activités professionnelles qui sont ou seront concernées par le télétravail. Il en découle trois niveaux de probabilité : forte, moyenne et nulle ou faible.

– Probabilité forte :

* ingénieurs et cadres techniques de l'industrie ;
* cadres administratifs et dirigeants ;
* informaticiens ;
* personnels d'études et de recherche ;
* professionnels du droit (hors juristes en entreprise) ;
* cadres de la banque et des assurances ;
* cadres commerciaux et technico-commerciaux ;

- professionnels de la communication et de l'information ;
- techniciens et cadres de l'agriculture ;
- techniciens et agents de maîtrise (AM) du BTP ;
- cadres du BTP ;
- ouvrier qualifié (OQ) de maintenance ;
- techniciens et AM maintenance et organisation ;
- professionnels des arts et des spectacles ;
- patrons et cadres d'hôtel et de restaurant ;
- enseignants ;
- formateurs ;
- employés administratifs de la fonction publique (catégorie C) ;
- employés administratifs de la fonction publique (catégorie B) ;
- cadres de la fonction publique ;
- employés et techniciens de la banque ;
- employés et techniciens des assurances ;
- secrétaires ;
- employés de la comptabilité ;
- employés administratifs d'entreprise ;
- secrétaires de direction ;
- techniciens des services administratifs, comptables et financiers ;
- agents administratifs et commerciaux des transports et du tourisme ;
- cadres des transports, de la logistique et navigants de l'aviation[1].

---

1. Auxquels, il faut ajouter tous les métiers du Web, du Web 2.0, du commerce en ligne, des centres d'appels, etc.

– Probabilité moyenne :

- techniciens et AM électricité et électronique ;
- techniciens et AM industries mécaniques ;
- techniciens et AM industries de process ;
- techniciens et AM matériaux souples, bois et industries graphiques ;
- attachés commerciaux et représentants ;
- maîtrise des magasins et intermédiaires du commerce ;
- employés et AM de l'hôtellerie et de la restauration ;
- agents de gardiennage et de sécurité ;
- médecins et assimilés ;
- professions paramédicales ;
- professions de l'action sociale, culturelle et sportive ;
- vendeurs ;
- ouvriers des industries graphiques.

– Probabilité faible ou nulle :

- agriculteurs, éleveurs, sylviculteurs, bûcherons, maraîchers, jardiniers, viticulteurs, marins, pêcheurs ;
- ouvrier non qualifié (ONQ) gros et second œuvre du bâtiment ;
- ONQ gros œuvre, travaux publics et extraction ;
- OQ travaux publics béton, extraction ;
- ONQ bâtiment second œuvre ;
- OQ bâtiment second œuvre ;
- conducteurs d'engins du BTP ;
- ONQ électricité, électronique ;
- OQ électricité, électronique ;
- ONQ enlèvement ou formage de métal ;

- OQ enlèvement ou formage du métal ;
- ONQ mécanique ;
- OQ mécanique ;
- ONQ industries de process ;
- OQ industries de process ;
- ONQ textile, cuir ;
- OQ textile et cuir ;
- ONQ bois et ameublement ;
- OQ bois et ameublement ;
- ouvriers de la réparation automobile ;
- ONQ manutention ;
- OQ manutention ;
- conducteurs de véhicule ;
- agents d'exploitation des transports ;
- armée, police, pompiers ;
- employés et caissiers de libre-service ;
- bouchers, charcutiers, boulangers ;
- cuisiniers ;
- coiffeurs, esthéticiens ;
- employés de maison ;
- assistants maternels ;
- aides à domicile ;
- agents d'entretien ;
- aides-soignants ;
- infirmiers ;
- sages-femmes.

Comme nous l'avons indiqué, 40 à 50 % des postes seraient susceptibles d'être occupés en télétravail dès 2015.

Certaines études montrent que ce pourcentage pourrait atteindre 70 % avec le développement des robots intelligents et des « engins sans pilote ».

Optez pour l'endroit où vous êtes le mieux pour vivre et bien travailler

Le télétravail permet de pouvoir choisir son lieu de travail pour exercer son activité professionnelle ou son emploi, l'option du domicile n'étant qu'une des possibilités offertes. Beaucoup trop de personnes pensent que c'est là la seule manière de télétravailler, qu'ils soient dirigeants d'entreprise, managers, subordonnés ou indépendants. Or ils devraient penser le télétravail bien autrement. Le débat n'est plus de savoir où il est obligatoire de travailler, mais où il est possible de travailler le mieux possible pour être le plus efficace en étant le moins stressé et le moins perturbé possible.

Dès lors, les réponses dépendent du travail à effectuer. Il peut s'agir des locaux de l'employeur pour effectuer certains travaux, du domicile pour d'autres types de tâches, à condition d'avoir un espace adéquat, ou encore d'un « tiers lieu », par exemple un *smart work center*. Le collaborateur pourra y recevoir un client, obtenir des renseignements complémentaires sur telle ou telle technologie auprès d'un *geek*, utiliser la visiophonie ou une salle de réunion, ou encore confier son bambin à une « garderie intégrée », enfin pouvoir se détendre en milieu de journée en faisant du sport avant d'aller au restaurant communautaire, ou commander tel ou tel service à la conciergerie.

D'autres opportunités apparaissent, comme le choix du lieu géographique de résidence. Dans la mesure où le haut débit est à peu près présent sur l'ensemble du territoire, le choix se fera selon des critères personnels auquel il faut ajouter d'autres considérations comme les équipements scolaires et de santé, la vie culturelle, les conditions climatiques, le patrimoine, l'environnement et le type d'habitat, enfin le souhait de vivre en milieu rural ou citadin.

En outre, il faut tenir compte des moyens et des infrastructures de transport comme les autoroutes, une ligne TGV ou un aéroport, sachant que la durée de transport pour se rendre chez son employeur, chez ses clients ou son donneur d'ordre ne devrait pas excéder un temps limité avec un budget maîtrisé suivant le nombre de déplacements à effectuer par semaine ou par mois.

Dans tous les cas, le développement du télétravail devrait modifier notre manière d'appréhender notre environnement en permettant à tous de vivre suivant leurs propres souhaits.

Adoptez la forme de télétravail qui vous convient le mieux

Si vous êtes salarié ou indépendant, vous allez pouvoir travailler en vous organisant pour vivre mieux grâce au télétravail. Quant à votre employeur, le télétravail va lui permettre d'apporter une véritable souplesse à son organisation en lui donnant la possibilité de diminuer les problèmes inhérents aux déplacements domicile-travail de ses collaborateurs, et les difficultés de recrutement dans une zone géographique donnée, tout en augmentant la productivité individuelle et collective de son organisation. Encore faut-il choisir le mode de télétravail qui convient le mieux à l'entreprise, aux services concernés et aux salariés…

EN PRATIQUE

Une étude menée par le Danish Technological Institute réalisée en mai 2005 montre que l'introduction du télétravail à domicile augmente la productivité de chaque salarié et qu'elle devient optimale pour treize jours de télétravail par mois avant de retomber au-delà du vingtième jour.

Une autre étude, Workanywhere, parue en juillet 2013, réalisée pour le compte de la Swisscom AG et les CFF, auprès de deux cent soixante de leurs collaborateurs, montre que le télétravail a produit un effet très positif sur leur productivité individuelle et sur celle de leurs services, celles-ci ayant augmenté de 14 % à 21 %. Tous les sondages effectués auprès de cette population montrent une réelle satisfaction et pour 51 % d'entre eux une plus grande motivation pour le travail effectué. Pour Alexander Senn, responsable Recruiting & Employability Swisscom, *« les résultats de l'étude montrent que les modèles de travail flexible permettent d'augmenter la satisfaction et la productivité. De nos jours, grâce à des moyens techniques tels que l'Internet mobile et la communication intégrée, les personnes ne sont plus liées à un lieu géographique et peuvent collaborer et communiquer rapidement, même à distance ».*

Étudions successivement les avantages du télétravail pour les salariés et les agents de la fonction publique, puis pour ceux et celles qui recherchent une activité, et enfin pour les entreprises.

Quels sont les avantages du télétravail ?

Chapitre 1

Vous êtes salarié et travaillez avec un terminal numérique

Limitez vos déplacements domicile-travail

Le premier avantage du télétravail pour un salarié est de ne plus être obligé d'effectuer quotidiennement les allers-retours domicile-travail.

D'après une étude de l'Insee parue en 2007 (*Insee Première* n° 1129, mars 2007), la distance moyenne domicile-travail serait de 25,9 km avec un temps moyen de déplacement de trente minutes, pouvant atteindre 40,2 km en région rurale. De plus, trois salariés ou fonctionnaires sur quatre quittent leur commune de résidence pour aller travailler dans une autre. Leur temps de déplacement moyen s'élève à quarante-trois minutes, soit environ une heure trente par jour.

Une autre étude, de Regus, publiée en 2010, corrobore ces chiffres en indiquant qu'un actif sur dix passe plus de deux heures par jour en transport pour aller travailler.

Depuis le début de la crise financière et économique de 2007, l'allongement des trajets semble s'amplifier sous l'effet, d'une part, de l'augmentation du coût de l'immobilier – même si celui-ci se tasse en 2013, repoussant les classes moyennes de plus en plus loin des centres-villes ou des zones d'affaires –, et d'autre part de l'augmentation du chômage qui impose aux demandeurs d'emplois d'accepter un travail hors des bassins d'emploi de leur lieu de résidence.

Grâce au télétravail, on peut s'affranchir de cette contrainte quotidienne un, deux ou trois jours par semaine, voire plus en fonction des tâches, des missions et de la fonction exercée.

Ne subissez plus les embouteillages, les transports surchargés, les grèves et les intempéries

Pour des millions de personnes, travailler impose de se déplacer en voiture ou avec les transports en commun. *Quid* lorsque la neige envahit le sol, comme ce fut le cas en décembre 2010, puis en janvier 2013, créant une pagaille monstre dans la région lyonnaise et une paralysie quasi totale des activités en Rhône-Alpes ?

Pour pallier ce problème, nombre d'employeurs ont autorisé leurs salariés à travailler avec des ordinateurs portables, suivant en cela les dispositions du Code du travail sur le télétravail dans son article L. 1222.11 : « En cas de circonstances exceptionnelles, notamment de menace d'épidémie, ou en cas de force majeure, la mise en œuvre du télétravail peut être considérée comme un aménagement du poste de travail rendu nécessaire pour permettre la continuité de l'activité de l'entreprise et garantir la protection des salariés. »

Si le télétravail se met en place et fonctionne lors de ces événements climatiques, pourquoi n'en serait-il pas de même le reste de l'année ? Près de 50 % de la population active utilise les transports publics pour se rendre sur son lieu de travail. En cas de grève des transports publics, pourquoi certaines entreprises refusent-elles encore le télétravail ? Il permettrait pourtant à toutes ces personnes de continuer leur activité sans avoir à subir la paralysie des transports, alors qu'elles sont ces jours-là bien souvent improductives, car trop fatiguées et anxieuses de savoir comment elles rentreront chez elles.

Retrouvez du temps pour votre vie personnelle et familiale

Dès lors qu'une personne peut travailler un ou deux jours à son domicile, elle gagne un temps très significatif lui permettant de mieux gérer sa vie. Nous pouvons nous en rendre compte par l'exemple suivant.

EN PRATIQUE

Prenons un salarié qui consacre une heure trente par jour à ses déplacements domicile-travail. S'il télétravaillait en alternance à mi-temps, combien d'heures de déplacement pourrait-il éviter au bout d'un an ? En télétravaillant à son domicile en alternance à mi-temps (deux jours une semaine et trois jours la semaine suivante), il gagnera quinze heures par mois de temps de trajet, soit au bout d'une année plus de cent cinquante heures, représentant l'équivalent d'un mois de travail.

Le télétravail permet au salarié de gagner du temps pour la vie privée tout en étant beaucoup plus opérationnel et plus efficace pendant ses heures de travail. C'est ce qui explique en partie l'augmentation de sa productivité personnelle.

Diminuez votre stress et votre fatigue

Le stress représente le facteur le plus important des causes de maladie des salariés en activité. De plus, il aggrave les incompréhensions du cercle familial dans la vie privée et des collaborateurs dans l'entreprise. Une étude d'IBM de juin 2010 (« The globalization of traffic congestion ») montre que 51 % des Parisiens accusent les transports en commun d'être leur principal facteur de stress.

Même si la consommation d'antidépresseurs tend à se réguler, la France reste le quatrième pays le plus consommateur en Europe et le troisième pour les anxiolytiques. Le stress matinal lié au transport domicile-travail s'ajoute à celui de devoir s'occuper des enfants pour les faire garder ou les emmener à l'école, sans oublier le stress quotidien inhérent au travail lui-même. Notons que si le salarié subit un climat de défiance délétère dans son entreprise, la catastrophe individuelle n'est pas loin, puisque cette accumulation de stress est le facteur numéro un des accidents cardiaques et des dépressions. En outre, il a sans doute une influence sur le développement de certains cancers, dans la mesure où il interfère avec le système immunitaire. Télétravailler, ne serait-ce que deux jours par semaine, permettrait de diminuer ce stress quotidien.

Des chercheurs américains, Ravi S. Gajendran et David A. Harrison, de la Pennsylvania State University, ont accompli une métaétude sur les télétravailleurs américains, compulsant les données de plus de quarante-six études impliquant plus de douze mille employés. Leurs conclusions ? Le télétravail augmente le moral et la satisfaction des employés et diminue le stress et le turnover. En outre, il réduit le nombre de séparations et de divorces, et montre que les enfants des télétravailleurs obtiennent de meilleurs résultats scolaires.

Si vous le souhaitez, restez en activité en dépit de problèmes de santé

Le télétravail permettant de diminuer le stress et la fatigue dus au transport, il devrait être accordé systématiquement à ceux qui ne peuvent plus supporter les déplacements domicile-travail pour raison de santé (grossesse, trop grande fatigue liée à l'âge ou à certaines maladies cardiaques ou respiratoires, douleurs de la colonne vertébrale ou des membres inférieurs, etc.) et qui en font la demande, car leur activité professionnelle le permet. Certaines entreprises comme l'Ocirp, Canal +, Capgemini, La Banque de France, etc., le prévoient dans leurs accords d'entreprise.

Le télétravail représente également une opportunité pour les personnes handicapées de pouvoir enfin s'insérer dans la vie active. Un très grand nombre d'entre elles souhaiterait pouvoir travailler ou continuer à le faire en dépit de leur handicap. En 2012, un million et demi de personnes souffraient d'une déficience motrice due à un accident, dont la plupart avaient pour origine la circulation et près des trois quarts étaient dus aux déplacements domicile-travail.

Par ailleurs, le télétravail devrait permettre à tous ceux obligés de rester chez eux pour garder une personne malade ou souffrant d'un handicap d'exercer une activité professionnelle. Avec l'allongement de la vie et l'augmentation des maladies invalidantes comme Alzheimer, cet état de « dépendance » pourrait atteindre, suivant les études, 1,3 million de personnes en 2020 et le double d'ici à 2030.

Pouvoir continuer à travailler grâce au télétravail serait une véritable délivrance pour nombre de ces accompagnants et autres « aidants », qui doivent aujourd'hui choisir entre le placement de leur parent en maison spécialisée ou la démission.

Le télétravail devrait également être intégré dans la Gestion Prévisionnelle des Emplois et des Compétences (GPEC) des entreprises et des fonctions publiques. D'ailleurs, c'est l'une des raisons pour lesquelles de nombreux accords ont déjà été signés. En effet, le télétravail est profitable aux seniors qui n'ont plus à subir quotidiennement les transports en commun ou les embouteillages. Dans les faits, il leur permet de prolonger leur vie active grâce à un meilleur équilibre qui les aide à rester plus efficaces. C'est ce qui ressort d'une étude menée par de Kluver en septembre 2010 auprès de neuf cents managers en Belgique et dans laquelle il est noté que quatre télétravailleurs sur cinq se déclarent plus ou beaucoup plus efficaces.

Regagnez du pouvoir d'achat

Dans l'étude de Regus citée plus haut, la moyenne des dépenses pour les déplacements domicile-travail s'élève à 3 % des revenus, mais 14 % des actifs dépensent de 5 à 10 % et 8 % plus de 10 %.

En 2006, suivant l'Insee, 70 % des actifs utilisaient leur voiture pour se rendre sur leur lieu de travail, 14 % les transports en commun, et 16 % s'y rendaient à pied ou à vélo. Pour les 70 % prenant leur voiture, ne plus devoir se rendre un, deux ou trois jours par semaine dans les locaux de leur employeur diminue leurs dépenses en frais de transport. Pour certains ménages, ne pas devoir faire garder leur progéniture en fin d'après-midi représente également des économies.

EN PRATIQUE

Environ cinq mille salariés se déplacent chaque jour pour aller travailler entre Nîmes et Alès et autant en sens inverse. Il en est de même entre Montpellier et Nîmes et inversement. Si ces personnes télétravaillaient à mi-temps, chacune d'elles ferait onze mille kilomètres de moins par an, soit une économie d'environ 1 000 euros de carburant (base du prix du litre : 1,40 euro), sans compter 600 euros d'économie des péages entre Nîmes et Montpellier, soit une économie totale de plus de 2 400 euros, si l'on y englobe la dépréciation due aux kilomètres parcourus, mais pas les frais d'entretien et de stationnement éventuels.

Ces frais sont naturellement beaucoup plus importants pour de nombreux Franciliens obligés de passer plus de deux heures matin et soir dans les embouteillages de la région parisienne.

Gardez le même employeur, même si vous êtes contraint de déménager

Le télétravail peut intéresser ceux qui voient leur conjoint nommé dans une autre région et qui doivent souvent choisir entre le suivre en démissionnant ou devoir vivre séparé.

Ceux qui travaillent avec un ordinateur ne doivent pas hésiter à demander à leur employeur d'effectuer un essai en télétravail avant de faire leur choix. En effet, si l'employeur est réticent, l'essai est le meilleur moyen de prouver que le télétravail est possible. L'essai devrait d'ailleurs se faire pendant la période transitoire précédant la date effective du départ du conjoint ou du compagnon. Si cet essai est convaincant pour l'employeur comme pour le salarié, le télétravail pourra se poursuivre.

Reprenez votre vie en main

Travailler et vivre le mieux possible n'est pas si facile et l'on peut comprendre pourquoi. Tout dépend de l'intérêt que l'on peut porter au travail lui-même et des conditions dans lesquelles on l'exerce. La France détient depuis plusieurs années le record européen du pessimisme et se tient à l'avant-dernière place sur le plan mondial, comme le souligne l'étude du PewResearch Center, publiée en mai 2013 : « Aucun pays n'est aussi démotivé et désillusionné que la France. » Nombreux sont nos compatriotes qui subissent la crise plutôt que de reprendre en main leur propre existence.

Le télétravail, qui implique de jouir d'une plus grande autonomie dans la manière de mener sa vie, devrait être un but pour tous. D'autres pays ont franchi le cap, comme les États-Unis, la Suède, le Danemark, ou encore les Pays-Bas, où le télétravail ne pose plus aucun problème et dans lesquels la confiance en l'avenir est autrement plus forte que dans notre pays.

En demandant à télétravailler, et en permettant le télétravail dans les organisations, il est certain qu'un nouveau climat de confiance pourrait s'installer dans la vie au travail donnant naissance par là même à de nouvelles motivations aussi bien professionnelles que personnelles.

Chapitre 2

Vous êtes demandeur d'emploi ? Créez votre employabilité !

La recherche d'emploi ou la création de sa propre activité depuis son lieu de résidence change la donne de ceux dont l'activité professionnelle peut s'exercer à distance.

Il n'y a pas si longtemps, on cherchait un employeur dans la région où l'on habitait, mais déjà nombre de personnes rejoignaient les grandes agglomérations pour trouver un emploi. Cela impliquait de se déplacer et de quitter « ses racines » pour trouver un emploi. Les hommes allaient là où se trouvait le travail. En est-il de même aujourd'hui ?

Avec les TIC, ce n'est plus aux hommes de se déplacer, mais c'est au travail de leur parvenir, quel que soit le lieu où ils se trouvent. Si les mentalités n'ont pas encore suffisamment évolué chez les employeurs comme chez les salariés, nul doute que les pratiques changeront en l'espace d'une ou deux générations. Pourquoi ne pas agir autrement dès à présent ?

Attention cependant : le télétravail n'est pas un emploi, ni une activité professionnelle, mais simplement la possibilité d'exercer un métier à distance en utilisant les technologies de l'information. Vous ne trouverez pas d'emploi s'intitulant simplement télétravail, mais un emploi ou une activité en télétravail.

Recherchez un emploi salarié au-delà de votre zone géographique de résidence

Vous avez des compétences spécialisées (langues étrangères, droit, informatique, gestion, comptabilité, études, communication, dessin, architecture, photo, son, infographie, ou toute activité professionnelle transformant des informations) et vous exercez principalement en utilisant un ordinateur. N'hésitez pas. Recherchez un employeur non seulement dans votre bassin d'emploi, mais également dans les zones géographiques situées dans un rayon de déplacement de deux à trois heures autour de chez vous. Dans votre recherche, privilégiez les axes situés sur une ligne de transport en commun comme le TGV.

EN PRATIQUE

Par exemple, si vous habitez Valence, dans la Drôme, votre futur employeur peut se trouver non seulement dans cette ville, mais aussi à Montpellier comme à Marseille ou Paris, en passant par Nîmes, Aix-en-Provence, Avignon, Saint-Étienne, Lyon, Dijon ou Mâcon.

Faut-il évoquer le télétravail dès les entretiens d'embauche ? Tout dépend du poste à pourvoir, de l'entreprise, de vos compétences, du niveau culturel de votre employeur vis-à-vis des TIC et de vos possibilités de transport vous permettant d'effectuer les déplacements. Dans bien des cas, il faudra en effet prévoir deux périodes d'adaptation. La première consiste à vous rendre quotidiennement dans l'entreprise pendant trois à six mois, afin de vous approprier le poste, connaître l'entreprise, dont notamment sa culture et ses codes, y compris relationnels. Pendant cette période, vos homologues, vos subalternes et vos supérieurs vont également devoir vous intégrer. Ce n'est qu'après ce laps de temps que le télétravail pourra être envisagé. Dès lors, une seconde phase d'adaptation se mettra en place, en commençant par un télétravail alterné d'un ou deux jours par semaine.

Pour la plupart des emplois salariés, le télétravail ne s'improvise pas, mais se met en place en respectant un temps d'appropriation. Parfois, lorsque le métier peut s'effectuer de façon autonome et quand la personne maîtrise totalement la fonction et le poste, le télétravail peut s'effectuer dès l'embauche si l'entreprise a déjà adopté ce mode de fonctionnement pour tous les collaborateurs. Cela étant dit, cette situation reste relativement rare dans la mesure où il existe encore trop peu d'entreprises fonctionnant totalement en télétravail.

Utilisez vos compétences pour trouver ou créer votre emploi

Trouver directement un emploi en télétravail n'est pas encore dans les mœurs des entreprises, sauf pour les métiers commerciaux, de l'informatique, du Web, de l'infographie, de l'édition ou de la presse.

L'Europe est particulièrement touchée par la crise financière qui sévit depuis 2007 et par l'accumulation des dettes, entraînant une débandade économique, sociale et une perte de confiance en l'avenir dans de nombreux pays. En France, de nombreuses personnes se retrouvent sans emploi, dont plus d'un million étaient des seniors en juin 2013. Or nombre d'entreprises auraient besoin de cadres d'expérience. Malheureusement, par peur de l'avenir, leurs dirigeants freinent les embauches, ne souhaitant pas signer des contrats à temps plein pour des durées indéterminées. Le nombre d'emplois à pourvoir reste et restera encore insuffisant jusqu'à une nouvelle reprise de l'économie. Dès lors, les demandeurs d'emploi doivent mettre en place de nouvelles stratégies afin de retrouver un emploi ou d'exercer une activité.

EN PRATIQUE

Par exemple, avec le développement du télétravail, les seniors pourraient rechercher un employeur dans une zone géographique étendue en proposant leurs compétences sur les réseaux sociaux professionnels comme www.viadeo.com, www.linkedin.com ou encore www.xing.com. Afin de mieux cibler leur approche, ils pourraient également recourir aux réseaux sociaux d'entreprises régionales comme www.haoui.com pour l'Île-de-France, ou encore http://clublr.pro en Languedoc-Roussillon, ou surfer sur les moteurs de recherche des sites de Pôle emploi, l'Apec, Cadremploi, Monster, Keljob ou encore Stepstone, sans oublier de chercher des offres d'emploi dans d'autres régions que celle où ils habitent.

Travaillez avec des employeurs multiples ou de multidonneurs d'ordres

Travailler pour des employeurs multiples est possible grâce aux logiciels coopératifs de télétravail : agenda commun, téléphonie sur IP, bases de données communes, webconférence avec échange de données cryptées, outils logiciels métiers et bureautique. Les principaux postes pouvant recourir au télétravail avec des employeurs multiples devraient être ceux de cadre à temps partagé : ressources humaines, marketing, juridique, commerce international, achat, finances, direction commerciale.

À côté de ces fonctions, on trouve le consulting, la formation, l'informatique, le Web, la traduction, la communication et la rédaction, ainsi que tous les métiers d'assistance administrative et commerciale dans les secrétariats spécialisés : droit, médical, bâtiment, informatique, technologique, agricole, etc.

Ces emplois peuvent être exercés en indépendant, *via* du portage salarial, dans le cadre d'une coopérative d'activité, ou en tant que salarié d'un groupement d'employeurs.

Trouvez une activité à la campagne ou en zone de montagne

Le télétravail des salariés comme celui des indépendants permet de revitaliser les zones en désertification d'activités économiques. Il s'agit ici non seulement de permettre aux habitants de vivre et de rester dans leur région, mais également d'attirer de nouvelles personnes. C'est l'objectif affiché des télécentres du Cantal, de l'action menée par la CCI du Gers avec Soho Solo, de Polen en Lozère, tout comme du projet Ariège Télétravail. D'autres projets sont en cours dans de nombreux départements ruraux.

EN PRATIQUE

Si vous souhaitez créer votre propre activité, n'hésitez pas à contacter les services d'expansion et de développement économique rattachés à votre conseil général ou les CCI locales. Vous pouvez également rechercher sur le Net en utilisant les mots-clés suivants : « télécentre » ou « télétravail » plus le nom de votre département.

Montez votre propre affaire

Pour monter sa propre affaire, il faut être motivé et savoir se positionner sur le marché. Cependant, pour mieux cerner le télétravail des indépendants, il est nécessaire au préalable de les différencier suivant la manière dont on peut concevoir son activité en télétravail.

Exercer en indépendant-dépendant

C'est créer son propre emploi. Dans ce type de téléactivité professionnelle, il s'agit de trouver les donneurs d'ordres qui donneront du travail. Ainsi en est-il du télésecrétariat, des métiers du Web (infographistes, webmasters, informaticiens), et de la presse et de l'édition (rédaction, rewriting, conception graphique ou rédactionnelle). Dans cette même catégorie, on peut également citer certaines activités exercées en portage salarial par les cadres.

La dépendance s'explique par le fait que c'est le donneur d'ordre qui, dans bien des cas, impose les tarifs, l'objet du travail à effectuer, parfois le temps de travail, etc., bien que ces indépendants ne soient pas leurs salariés, mais travaillent en contrat de mission.

Les entrepreneurs en activité de services exerçant en télétravail

Agissant différemment, les créateurs d'activités de services sont de véritables entrepreneurs qui entendent développer des offres en répondant aux besoins des entreprises ou des particuliers. La différence se situe au niveau de la maîtrise du marketing et des ventes. Il ne s'agit plus de répondre uniquement aux appels d'offres de mission définis par un fournisseur extérieur, mais de conquérir de nouveaux marchés par une politique de marketing, de prospection et de vente, en offrant un véritable service à valeur ajoutée.

Dans tous les cas, les tarifs sont fixés par l'entrepreneur en téléactivité ou sont négociés avec les clients, mais ne sont pas imposés par un donneur d'ordre.

Dans bien des cas, ces entreprises indépendantes se transforment en société dès lors que l'activité est lancée.

Les e-commerçants

Cette catégorie regroupe tous les secteurs d'activités marchandes (de l'habillement aux voyages, en passant par la quasi-totalité des ventes de matériels, de véhicules, de logements, de produits agroalimentaires, etc.). En cas de réussite, ces e-commerçants se transforment en société. Certaines sont de véritables « *success stories* ».

À côté des e-commerçants classiques se développent également de nouvelles activités commerciales en télétravail, comme les comparateurs et les courtiers en ligne. Les premiers interrogent le Net grâce à des moteurs de recherche spécialisés qui offrent une sélection d'articles et de prix présents sur les sites d'e-commerce, permettant à l'internaute de trouver le produit le moins cher ou le plus plébiscité par les clients. Les seconds se positionnent en intermédiaires entre les offreurs et les acheteurs. C'est ainsi que l'on peut trouver sur le Net des courtiers classiques en assurances, en immobilier, en formation, en placement, en emprunt, etc.

Le Net ouvre non seulement à de nouvelles possibilités pour travailler à distance, mais également de nouveaux métiers sur des marchés anciens ou innovants.

Complétez vos revenus

Que vous soyez en activité ou retraité, vous pouvez compléter vos revenus en télétravaillant, autrement dit en utilisant Internet comme le moyen de générer une activité rémunératrice.

EN PRATIQUE

Un nombre significatif de personnes engrange des revenus complémentaires en vendant sur des sites comme eBay, Priceminister, voire Amazon, ou en utilisant le système de petites annonces de Vivastreet, Le bon coin ou encore Paru-Vendu. Mais attention : si vendre votre propre matériel d'occasion est autorisé, il n'en est pas de même pour du neuf, car vous serez alors considéré comme un commerçant. D'ailleurs, les sites Internet de vente limitent les gains possibles par leur système de paiement en ligne.

La solution juridique adéquate pour obtenir des compléments de revenu, comme nous le verrons plus loin, consiste à se déclarer en tant qu'auto-entrepreneur.

Chapitre 3

Quels avantages l'employeur peut-il tirer du télétravail ?

Améliorer le management et l'état d'esprit

Beaucoup d'entreprises portent aujourd'hui des valeurs qui font sens : entreprise citoyenne, engagée dans le développement durable, humaniste, conviviale, responsable, etc. La norme ISO 26000 répond à ces préoccupations.

Or le développement du télétravail, son organisation, ses outils et son management permettent de répondre aux enjeux d'aujourd'hui et de demain. Par le télétravail, l'entreprise se dote des moyens permettant de respecter la RSE (Responsabilité Sociale des Entreprises), tout en visant à réduire les émissions de CO_2, en améliorant sa productivité et sa compétitivité.

Comme nous le verrons dans la deuxième partie de cet ouvrage, le télétravail se fonde sur la confiance réciproque. Sans confiance, il n'y aura jamais de télétravail dans une organisation puisque cela signifie que l'encadrement soupçonne le collaborateur de ne rien faire dès lors qu'il n'est pas présent dans l'entreprise. Inversement, dès que le télétravail se met en place, un climat de confiance s'instaure dans la mesure où chaque salarié entend apporter la preuve de son autonomie sans avoir besoin d'être contrôlé ou observé, le seul objectif étant que le travail soit bien fait.

Augmenter la productivité individuelle et collective des collaborateurs

Selon une étude de la Computing Technology Industry Association, parue en octobre 2008 :

– 67 % des entreprises interrogées constatent une augmentation de la productivité de leurs salariés en télétravail, car ces derniers ne perdent plus de temps dans les transports.

– 59 % déclarent économiser en ressources matérielles et logistiques.

– 39 % se déclarent satisfaites de pouvoir recruter du personnel plus éloigné géographiquement.

Une autre étude menée en mai 2010, « Workshifting Benefits : The Bottom Line », réalisée par le Telework Research Network pour le compte de la société Citrix auprès des entreprises ayant mis en place le télétravail, montre que celui-ci permet d'augmenter la productivité de 27 % pour un télétravail alterné lorsque ce dernier s'effectue pour moitié en entreprise et pour moitié dans une pièce dédiée au domicile du salarié.

Toutes les études montrent donc les mêmes résultats : grâce au télétravail, la productivité et l'efficacité augmentent.

Diminuer l'absentéisme du personnel

L'étude réalisée par Telework Research Network montre en moyenne une réduction de l'absentéisme.

Le pourcentage de salariés en arrêt de travail serait de l'ordre de 7 % en France, contre 4,2 % en Allemagne (étude Cnam 2007). Cet absentéisme est dû aux maladies, aux accidents, et à la fatigue liée aux déplacements domicile-travail. Ces jours d'arrêts sont d'autant plus nombreux que les transports sont pénibles.

Dans une étude réalisée par Avaya début 2008, 95 % des managers considéraient que cet absentéisme influait principalement sur la productivité et qu'il coûtait à l'entreprise 3 120 euros en moyenne par salarié et par an. En outre, 89 % des managers étaient prêts à étudier la mise en place du télétravail au moins en partie pour remédier à cette situation dès que leur système d'information serait opérationnel pour l'envisager.

Par ailleurs, suivant les données Dress (Direction de la recherche, des études, de l'évaluation et des statistiques) des comptes de la Santé 2012, les indemnités journalières coûtent environ 12,5 milliards d'euros, dont 2,7 milliards pour les accidents du travail, catégorie à laquelle appartiennent les accidents de trajet domicile-travail. Ces derniers représentent, suivant l'INRS, organisme de référence dans la prévention des risques professionnels (accidents du travail, maladies professionnelles), près de 18 % des arrêts de travail. En conséquence, une économie globale de plus de cent millions d'euros pourrait être réalisée si le télétravail se développait dans l'Hexagone dans les mêmes proportions qu'aux Pays-Bas.

Dans toutes les entreprises ayant mis en place le télétravail, le taux d'absentéisme diminue. C'est dire que le télétravail est à la fois bénéfique pour la santé et pour l'entreprise.

Réduire les charges fixes

Le coût des bureaux varie en fonction de l'agglomération et de leur emplacement. Cependant, pour de nombreux cadres, consultants, chercheurs ou commerciaux, ils ne sont utilisés que de temps à autre. Or en cas de difficulté de trésorerie, les directions générales souhaitent réduire les charges fixes. Proposer le télétravail permet dans ce cas de moduler l'espace de travail en fonction de l'occupation réelle des bureaux. C'est ce qui s'est produit chez Renault, à Air France ou encore Hewlett-Packard, où l'on a restructuré les locaux et fermé certaines succursales de province.

EN PRATIQUE

Chez Sneda, les raisons de la mise en place du télétravail sont ainsi définies : « *Après suppression des structures administratives et au regard de leur faible taux d'occupation par les salariés de proximité, dont la mission principale est d'être en intervention chez nos clients, les bureaux sont apparus surdimensionnés et trop onéreux. L'entreprise a ainsi mis en place deux types d'organisation de travail de bureau : le recours à des bureaux situés au sein d'établissements de sociétés partenaires et le recours depuis 2006 à des bureaux loués dans des centres d'affaires. Conscients des limites de ces solutions, les partenaires sociaux souhaitent proposer aux collaborateurs concernés une nouvelle organisation du travail de bureau : le télétravail.* »

En 2011, l'entreprise Citrix a économisé grâce au télétravail deux millions de dollars sur le coût de ses locaux.

Résoudre les problèmes de locaux

Certains dirigeants ne souhaitent pas agrandir leurs locaux lorsque le nombre de salariés augmente. Ils mettent alors en place une nouvelle organisation comprenant le télétravail avec une nouvelle occupation des espaces de bureau. Dans beaucoup d'entreprises, le télétravail devient ainsi l'un des moyens permettant aux employeurs de considérer enfin les locaux comme un investissement secondaire par rapport à leur développement et à leur cœur de métier.

Garder les meilleurs éléments

Dans la mesure où le télétravail apporte de nombreux avantages aux salariés, ceux-ci tiendront à travailler le plus longtemps possible de cette manière et souhaiteront donc rester dans leur entreprise. C'est ce qui ressort de toutes les études effectuées auprès des DRH. L'étude de Citrix montre d'ailleurs que les PME qui offrent le télétravail à leurs collaborateurs les préservent de vouloir changer d'établissement, car ils considèrent cette manière de travailler comme un avantage primordial.

En matière de conditions de travail, le télétravail offre donc un avantage concurrentiel au même titre que le niveau des rémunérations.

Se doter des meilleures compétences

L'usage des TIC et du travail à distance permet de recruter ou de faire travailler des collaborateurs en gommant la question de la distance entre le domicile et le lieu de travail. Grâce au télétravail, une direction peut recruter ou faire travailler une personne habitant dans une région géographique éloignée de ses bureaux. Cette possibilité permet dans les faits de s'entourer des meilleures compétences. Comme l'a dit Brett Caine, président de Citrix, dans un communiqué du 6 juin 2013, à l'occasion de la sortie d'une étude commandée par YouGov : *« Pourquoi se priver de personnes compétentes seulement à cause de barrières géographiques ? […] Le télétravail est parfaitement adapté aux PME qui devraient surmonter leurs préjugés sur ce mode de travail à distance. Une meilleure productivité à moindre coût, des employés plus heureux et plus en sécurité lors de catastrophes (climatique, politique, etc.) : la confiance paie grâce au télétravail ! »*

Par ailleurs, le télétravail permet aux TPE et PME de petite taille de recruter des collaborateurs à temps partagé autour de la mise en place de groupements d'employeurs ou en faisant appel à des coopératives de compétences ou d'activités.

Ce type d'employabilité est encore mal exploité par les entreprises, les syndicats professionnels ou les CCI. Cette possibilité de générer des emplois n'est pas encore promue par les fédérations professionnelles, les maisons de l'emploi, les instances publiques, et insuffisamment par les agences de développement économiques. Une tendance dommageable aussi bien pour les entreprises que les demandeurs d'emploi. Ces types d'organisation au service des PME pourraient sans doute créer plusieurs dizaines de milliers d'emplois, à condition de faire usage du télétravail dans sa mise en œuvre.

Pour Blaise Barbance, responsable développement RH de Groupama Rhône-Alpes Auvergne, le télétravail permet également de remobiliser les compétences, car les salariés mis dans cette situation anticipent et proposent des améliorations[1]. Nous sommes dans les faits dans une démarche de progrès.

Maintenir les seniors en pleine activité

Dans le cadre de la GPEC, les entreprises considèrent le maintien de l'emploi des seniors comme une préoccupation essentielle. La plupart de ces derniers devront travailler jusqu'à soixante-cinq ou soixante-sept ans pour percevoir leur retraite. Devant cet état de fait, il est nécessaire que le télétravail en mode alterné soit l'une des solutions leur permettant de rester en pleine activité sans avoir à subir tous les jours la fatigue des déplacements domicile-travail. C'est une évidence, or il est dommage que les entreprises françaises soient encore trop

---

1. Voir un article paru dans *Les Échos Business* du 10 septembre 2013 (http:// business.lesechos.fr/directions-ressources-humaines/bien-etre-au-travail/teletravail-fait-aussi-monter-le-collaborateur-en-competence-8367.php).

frileuses pour le mettre en place, se privant de nombreuses compétences nécessaires.

Continuer à travailler en dépit des grèves des transports ou des intempéries

L'article L. 1222.11 du Code du travail précise qu'« en cas de circonstances exceptionnelles, notamment de menace d'épidémie, ou en cas de force majeure, la mise en œuvre du télétravail peut être considérée comme un aménagement du poste de travail rendu nécessaire pour permettre la continuité de l'activité de l'entreprise et garantir la protection des salariés ». Ce texte vise plusieurs situations : les pandémies et les grandes alertes sanitaires, les catastrophes naturelles et leurs conséquences, ainsi que les conflits sociaux quand ils paralysent les transports.

En 2005-2006, la grippe aviaire (type influenza – H5N1) a fait la une des journaux. Les gouvernements se sont affolés, créant à la hâte des dispositifs afin de répondre aux difficultés, aux conséquences et autres drames qui pourraient en découler. Tout le monde s'est accordé pour dire qu'une catastrophe annoncée était envisageable. Cette alerte mondiale a démontré notre vulnérabilité sur notre petite planète, aucune frontière ne pouvant arrêter une pandémie. Puis la grippe H1N1 est survenue en 2009 avec certains excès, comme celui de la vaccination. Ces faits ont en tout cas démontré que le télétravail devrait être mis en place en cas de pandémie.

Rappelons à cet égard que les chefs d'entreprise restent responsables de la santé de leurs collaborateurs et qu'en cas de pandémie, ils sont obligés de mettre en place le télétravail pour tous ceux pouvant travailler à distance, sous peine d'être poursuivis devant les tribunaux par leur personnel.

Si le télétravail est totalement reconnu en cas de circonstances exceptionnelles, pourquoi ne pas le tester avant qu'elles ne surviennent ? Peut-être que nombre d'entreprises, de managers et de collaborateurs changeraient d'avis sur la question.

EN PRATIQUE

Le 11 mars 2011, un tremblement de terre de magnitude 8,9 sur l'échelle de Richter est survenu au large des côtes du Japon, entraînant un tsunami catastrophique, au point de submerger les digues protégeant la centrale nucléaire de Fukushima, qui elle-même n'a pas résisté à cet assaut. Le défaut de refroidissement de la centrale a entraîné la fusion partielle des réacteurs 1, 2 et 3. Un nombre important de Japonais a dû partir et s'installer beaucoup plus au sud, au moins pendant quelques mois. Dans le cadre de la gestion (BCM ou Business Continuity Management) de la continuité des activités d'urgence, le ministère du Travail japonais a lancé dans la foulée de nombreux séminaires portant sur la mise en place du télétravail.

Remplir plus facilement les obligations vis-à-vis des personnes handicapées ou du personnel « aidant »

La loi du 18 juillet 1987 impose aux entreprises de plus de vingt salariés de recruter au moins 6 % de personnes handicapées dans leurs effectifs. La loi du 11 février 2005 réaffirme cette obligation et l'étend à de nouvelles catégories de handicaps.

S'il est bien un domaine où le télétravail peut jouer pleinement son rôle, c'est celui des travailleurs handicapés et en particulier ceux qui se déplacent avec difficulté. Si le nombre de décès dus aux accidents de la route baisse, celui des blessés et des handicapés que ces derniers occasionnent continue d'augmenter, d'autant plus que les deux roues progressent fortement. Chaque année en France, plus de trois mille personnes, dont en majorité des jeunes, deviennent lourdement handicapées en raison d'un accident de la route.

Pour leur permettre de télétravailler, les employeurs peuvent recourir aux aides de l'État et de l'Agefiph[1] pour mieux aménager les domiciles de leurs salariés handicapés. Il semble anormal de laisser tant de compétences en dehors du monde des actifs, alors que grâce au télétravail, ces personnes pourraient travailler chez elles comme tout autre employé ne souffrant pas d'un handicap.

Tant que le télétravail n'existait pas, il pouvait y avoir des freins physiques, mais désormais, avec les outils numériques, cette objection n'est plus de mise. Les DRH doivent repenser leur recrutement en l'ouvrant pleinement à tous ceux qui peuvent occuper les postes à pourvoir, en faisant sauter l'obligation de venir chaque jour dans l'entreprise.

À cause du handicap d'un conjoint ou d'un enfant, en raison de la maladie grave d'un proche, un très grand nombre de personnes devant assurer l'accompagnement de ces derniers se trouvent également éloignées du travail. Là encore, le télétravail serait la seule solution permettant de concilier leur activité professionnelle avec la contrainte de soins et de garde.

Participer à la lutte contre le réchauffement climatique

Bien que ce sujet fasse encore débat, il est représentatif des modifications en cours. Au cours des années 2000, la plupart des experts affirmaient que le télétravail pouvait diminuer les émissions de CO_2, car les collaborateurs n'allaient plus se déplacer tous les jours pour rejoindre leur travail.

---

1. Association chargée de gérer le fonds pour l'insertion professionnelle des personnes handicapées.

Pourtant, une étude réalisée à l'université de Newcastle par le professeur Phil Blythe montre que le télétravail ne serait pas aussi écologique si l'on prenait en compte d'une part le chauffage ou la climatisation du lieu d'habitation des télétravailleurs, et d'autre part l'éloignement de plus en plus conséquent de leur lieu d'habitation des bureaux de l'employeur, entraînant des déplacements domicile-travail aussi importants que s'ils s'y rendaient quotidiennement. De plus, si le télétravail permet de diminuer le CO_2, NOx, SO2, PM10, et le CO, il augmente le N2O et le CH4[1]. Ces résultats s'appuient sur une étude menée aux États-Unis en 2003.

Pour répondre clairement à ce problème, il faudrait établir une modélisation mathématique du système complexe multi-agent permettant d'analyser l'ensemble des données portant sur le travail, sur les coûts énergétiques des domiciles et des bureaux comme les consommations de chauffage et d'électricité, en tenant compte de la situation climatique géographique considérée, du degré d'isolement des bâtiments et de leurs types de construction, des moyens de transport utilisés en cas de déplacement domicile-travail, des densités de circulation, du coût d'énergie relatif aussi bien de la construction que des autres moyens de transport utilisés, etc.

En attendant que ce modèle mathématique soit développé, il apparaît que la totalité des pays qui ont mis en place une politique de télétravail l'ont fait dans la volonté de diminuer les émissions de CO_2 liées aux déplacements domicile-travail, de limiter les engorgements des transports en commun, et de diminuer les embouteillages des principaux axes de circulation dans les agglomérations aux heures de pointe, comme aux États-Unis, au Japon ou aux Pays-Bas.

---

1. CO_2 : dioxyde de carbone ; NOx : oxyde d'azote ; PM10 : particules en suspension inférieure à 10 micromètres ; CO : monoxyde de carbone ; CH4 : méthane.

Comment faire du télétravail un succès ?

Chapitre 1

Les télétravailleurs salariés

Prenez vos responsabilités

Certains salariés pensent que demander à leur supérieur de télétravailler va les disqualifier par rapport aux collègues qui n'en font pas la requête. Ils craignent d'être moins bien considérés, de ne pas obtenir les avancements hiérarchiques auxquels ils peuvent prétendre. Cette peur tend malgré tout à disparaître tout au moins en région parisienne et dans les grandes agglomérations, dans la mesure où le télétravail progresse.

Dans la plupart des cas, ce sont les salariés qui initient la mise en place du télétravail au sein de leur entreprise, même si certains chefs d'entreprise souhaitent le développer, à l'instar des dirigeants de Renault, de la SNCF, de Groupama, et de plus en plus de directions d'entreprises.

Les salariés et les agents de la fonction publique se disent que s'ils ne le demandent pas, ils ne pourront pas l'obtenir. Il est d'ailleurs dommage que ce ne soit pas une revendication principale des syndicats pour améliorer les conditions de travail.

D'autres collaborateurs craignent la solitude. Pourtant, comme les entreprises optent principalement pour un télétravail en alternance de l'ordre d'un ou deux jours par semaine, cette peur est irrecevable, d'autant que télétravailler à un rythme alterné améliore le climat dans l'entreprise et permet d'entretenir une communauté de travail.

Choisissez votre espace de travail pour être au mieux

Le télétravail ne consiste pas seulement à travailler chez soi, ce n'est que l'une des possibilités offertes. Pour télétravailler, les salariés ou les agents devraient se demander où ils pourraient travailler le mieux sans avoir à subir le stress des transports quotidiens, les perturbations de l'entourage et ce qui les empêche de travailler comme il convient. Plusieurs lieux en dehors des locaux de l'employeur peuvent être choisis pour télétravailler : au domicile, près du domicile dans un espace réservé aux télétravailleurs appelé « tiers lieux », ou encore ailleurs.

Au domicile

Pour télétravailler au domicile, il faut *a priori* disposer d'une pièce faisant office de bureau et dédiée au travail. C'est ce que demandent la plupart des entreprises, car certaines conditions juridiques doivent être respectées. La « pièce bureau » et son aménagement doivent être adaptés aux conditions de travail du point de vue ergonomique et le CHSCT peut demander à la visiter, comme nous le verrons dans la troisième partie de cet ouvrage. De plus, pour travailler chez soi, il ne faut pas être perturbé par les proches ou les bruits de voisinage. De ce fait, les volontaires souhaitant télétravailler mais ne pouvant pas le faire chez eux devraient pouvoir choisir un autre lieu de travail proche de leur domicile.

Dans un tiers lieu

On appelle « tiers lieu », un espace de travail réservé aux télétravailleurs comme les télécentres et les espaces de *coworking*. Ces deux types de lieux se multiplient, aussi bien en milieu rural que dans les grandes agglomérations. On y retrouve principalement des indépendants qui souhaitent travailler en commun ou ne voulant pas rester seuls, ainsi que des télétravailleurs nomades comme les commerciaux.

Alors que les tiers lieux des Pays-Bas, du Danemark ou de la Belgique sont occupés à la fois par les indépendants et par les salariés, en France les entreprises, excessivement frileuses, rechignent à permettre à leurs collaborateurs de s'y rendre, la plupart des dirigeants déclarant qu'ils paient déjà des locaux et n'ont pas l'intention de le faire deux fois ; d'autres invoquent la mise en danger de la sécurité des données appartenant à l'entreprise.

Le premier argument peut être recevable jusqu'à ce que l'on dresse le bilan entre le coût de la location à l'heure, à la journée ou à la demi-journée d'un tiers lieu par rapport au gain de productivité appliqué au travail effectué, si bien entendu la durée du télétravail est optimisée à deux jours par semaine.

Quant au second argument, effectivement, il doit être étudié. Si les systèmes de sécurité informatique sont au « top » niveau dans l'entreprise, si le personnel est formé comme les commerciaux, seules les données très sensibles peuvent être visées par le refus. En effet, lorsque les données sont vitales pour l'entreprise, le télétravail ne peut s'exercer qu'à partir du domicile. Mais si les données sont identiques à celles que peuvent manipuler les commerciaux, cet argument est un peu exagéré à moins qu'il ne masque des défaillances dans la sécurité informatique du système d'information de l'entreprise.

Le télétravail commence à envahir tous les lieux où l'on peut se connecter à Internet en Wi-Fi, ou par la 3G ou la 4G. Pratiquement toutes les bibliothèques et les centres multimédias municipaux sont utilisés, ainsi que les trains avec la BoxTGV, les gares SNCF – dont plus de cent offriront un espace réservé au travail en 2014 –, les aéroports, les hôtels et certains types de cafés. Cela démontre que le télétravail peut s'effectuer n'importe où et qu'il révolutionne petit à petit notre manière d'appréhender le travail et son lieu d'exercice.

Équipez-vous comme il convient

L'équipement du télétravailleur est devenu l'un des plus vulgarisés qui soit, dans la mesure où il s'agit des mêmes outils que ceux que beaucoup utilisent dans le privé : un ordinateur portable, une tablette et un smartphone. Dans les entreprises privées, et suivant le droit du travail, c'est à l'employeur de fournir les instruments de travail.

EN PRATIQUE

Gardez votre équipement personnel pour votre vie privée et demandez à votre employeur de vous fournir des outils de travail adéquats.

Ne confiez à personne vos outils de travail

Que vous soyez salarié, agent de la fonction publique ou indépendant, vous devez impérativement respecter ce conseil.

Pour les salariés, la règle est simple, puisque c'est l'employeur qui fournit *a priori* le matériel informatique et le matériel numérique. En conséquence, ces derniers lui appartiennent.

Comme ils permettent de se connecter au serveur de l'entreprise, il faut non seulement protéger le système de connexion, mais également la mise en marche des appareils fournis. Confier son matériel professionnel à un tiers revient à commettre une faute grave puisqu'il ne vous appartient pas.

Pour les agents de la fonction publique, le matériel utilisé n'est pas toujours fourni par l'employeur. Par exemple, la plupart des enseignants utilisent leur propre ordinateur portable. Il faudra alors être très vigilant d'autant plus que les données transportées sont bien souvent portées par le disque dur lui-même. On connaît les catastrophes liées aux virus, chevaux de Troie et autres qui peuvent réduire à néant des heures et des heures de travail, sans compter la préparation des cours et les notes des élèves. Heureusement, ces sinistres informatiques vont disparaître avec le développement de l'utilisation des *clouds* professionnels. Il serait d'ailleurs temps que les différentes administrations les déploient pour leurs agents.

Enfin, pour les indépendants, le matériel utilisé à titre professionnel représente en données un investissement considérable en termes de temps de travail effectué. Là encore, l'utilisation du *cloud* devrait permettre de sauvegarder l'ensemble des données, en particulier commerciales et comptables.

Dans tous les cas, le portable informatique professionnel est un outil qui ne devrait être utilisé que pour le travail lui-même et ne jamais être confié à un tiers, y compris à ses enfants.

Sachez quoi faire en cas de panne

La hantise du télétravailleur est de voir son matériel en panne. Chaque télétravailleur devrait savoir cataloguer le type de panne qu'il peut rencontrer ; savoir faire les vérifications nécessaires pour établir leur origine et un premier diagnostic ; enfin maîtriser la marche à suivre avec les services compétents de *hotline*, que ces derniers appartiennent à l'entreprise ou soient extérieurs et mandatés par elle. À cet égard, l'employeur est responsable de la maintenance de la formation de ses salariés, comme nous le verrons plus loin.

Sachez respecter les temps de travail de vos collègues et leur vie privée

Ce n'est pas parce qu'une personne télétravaille qu'elle peut être dérangée à n'importe quelle heure de la journée ou de la semaine. L'employeur devrait positionner sur le serveur de l'entreprise un agenda partagé en ligne donnant les plages horaires pendant lesquelles un télétravailleur peut être joint, afin de répondre au cinquième alinéa de l'article L. 1222-10 du Code du travail : l'employeur est tenu « *de fixer, en concertation avec lui, les plages horaires durant lesquelles il peut habituellement le contacter* ».

À votre domicile, respectez la vie de vos proches

Une grande partie des difficultés rencontrées par les télétravailleurs exerçant chez eux provient du fait que ces derniers imposent leur travail à leurs proches. Par exemple, ils continuent de travailler ou de répondre au téléphone alors qu'ils sont à table pour manger en famille. Dans certains couples, le partenaire ou le conjoint a l'impression de se plier aux exigences de celui qui télétravaille. Le seul moyen d'y échapper est de s'imposer une discipline respectant les temps de travail et les temps privés et de posséder une pièce ou un lieu de travail indépendant permettant de s'isoler du reste de la famille.

Sur ce point, nous suggérons au futur télétravailleur de demander aux membres de sa famille si le fait de travailler au domicile les gêneraient. Ils obtiendront alors un feu vert, un refus, ou des recommandations et des mises en garde. Notez-les bien, car elles sont primordiales pour favoriser un bon équilibre.

Nous devons également mentionner certaines difficultés avec les enfants. Par exemple, ils peuvent vouloir utiliser l'ordinateur des parents ou venir fouiller dans la pièce de travail. Pour l'éviter, travaillez dans une pièce qui ferme à clé.

Quant aux adolescents, ils expriment parfois une certaine jalousie vis-à-vis du ou des parents qui télétravaillent deux ou trois jours par semaine à la maison alors qu'ils doivent aller au collège ou au lycée tous les jours. Il faut leur expliquer les avancées dues aux usages des TIC et qu'ils connaîtront à l'âge adulte.

EN PRATIQUE

Évitez de faire deux choses à la fois quand vous travaillez à domicile. Par exemple, il est pratiquement impossible de travailler tout en s'occupant des devoirs des enfants, sauf à pouvoir se réserver des plages d'une demi-heure à une heure de travail sans être dérangé dans une « pièce bureau ». *A contrario*, il est préférable de continuer de travailler au domicile quand il faut garder un enfant malade plutôt que de poser des jours de maladie.

Sachez prioriser vos activités

Établir des priorités s'apprend. Mais on peut rencontrer certaines difficultés chez les salariés quand les outils de travail collaboratif de type reporting ne sont pas suffisamment utilisés par l'ensemble du personnel ou en cas de déficience dans la mise à disposition des ressources.

Dans les faits, il serait nécessaire de proposer une formation spécifique sur la priorisation des actions, car c'est indispensable pour la réussite personnelle et collective du télétravail.

Quand la priorité des tâches n'est pas précisée, commencez toujours par celle qui vous paraît la plus pénible sur le plan personnel. Une fois débarrassé, vous serez beaucoup plus efficace pour réaliser les autres tâches, car certainement plus détendu.

Ne procrastinez pas

La procrastination, qui désigne le fait de reporter à demain ce qui devrait être fait aujourd'hui, est une véritable plaie pour le télétravailleur et ses collègues. Pour des raisons connues en psychologie comportementale, certaines personnes reculent et n'agissent pas. Tout le monde procrastine un peu, mais lorsque vous télétravaillez, cela peut devenir un véritable handicap.

Si vous télétravaillez un jour par semaine seulement, les contraintes nées de vos collègues et de l'encadrement direct vont vous forcer à agir quand vous serez de retour au bureau. Mais si vous passez deux ou trois jours en télétravail loin de vos collègues, vous aurez peut-être tendance à travailler moins efficacement.

EN PRATIQUE

Si vous souffrez vraiment de procrastination, ne demandez pas à télétravailler… En très peu de temps, vous deviendriez anxieux à cause du retard pris et risqueriez de commettre des fautes professionnelles. En revanche, si vous ne souffrez pas de ce handicap, priorisez vos tâches en en faisant le suivi.

Sachez évaluer votre charge de travail

Ce savoir-faire s'appuie non seulement sur la mémoire et les capacités individuelles de chacun, mais également sur les ressources informatiques permettant de suivre le travail effectué et de le piloter. Pour établir cette mémoire permanente, il faut utiliser un outil de reporting prenant en compte la mémoire des temps de travail en fonction des dossiers traités. Un logiciel spécifique serait profitable pour tous. Il devrait être positionné sur le serveur de l'entreprise ou en SaaS (Software as a Service : **logiciel en tant que service**)[1] afin d'être également visible et utilisé par les autres télétravailleurs. On peut détourner certains logiciels de gestion de projet pour se doter de ce type d'outil. Il servira non seulement à faire le suivi des tâches, mais également à mesurer les charges de travail. Cette dernière mesure fait d'ailleurs partie des obligations devant être respectées par l'employeur comme le demande l'ANI du 19 juillet 2005.

Ne devenez pas « accro » au travail et à l'écran, et supprimez toutes les distractions virtuelles

Les psychologues canadiens se sont penchés sur ce problème qui touche environ 6 % de la population. Ils recommandent au moins trois actions concomitantes pour sortir de cette addiction.

La première consiste à se désinscrire des réseaux sociaux afin de ne plus s'y rendre.

La deuxième vise à interdire la possibilité de « jouer » sur Internet ainsi que d'installer des jeux sur le disque dur de l'ordinateur.

La troisième propose de fixer par jour et par semaine des heures obligatoires de détente en mettant en place des activités physiques et sportives en lieu et place de surfer ou de jouer sur Internet.

---

1. Le logiciel est positionné sur un serveur distant. Les clients ne paient pas de licence d'utilisation. Le service en ligne est gratuit ou payant.

Dans les négociations portant sur le télétravail, n'oubliez rien

Nous étudierons dans la troisième partie de cet ouvrage les conditions juridiques de mise en œuvre du télétravail au sein d'une organisation de travail à distance. Celles-ci demandent à être étudiées et négociées, car il faut répondre à de nombreuses questions pouvant se poser dès lors que l'on exerce en dehors des locaux de l'employeur. Vous les trouverez dans une check-list en annexe. Dans la mesure où elles servent de support aux négociations entre employeur et salariés elles devraient permettre aux uns et autres de pouvoir clarifier les différents points devant être résolus.

Chapitre 2

Les personnes en recherche d'emploi ou d'activité

Pensez au télétravail, mais avec discernement

Si au moment où ce livre paraît, le télétravail se développe, il n'est pas encore répandu dans les administrations ni dans les entreprises et reste regardé avec suspicion par de nombreuses personnes, y compris certains syndicalistes et chefs d'entreprise. La modification comportementale est en cours, mais elle devrait prendre un certain nombre d'années avant de s'ancrer dans les habitudes. Dès lors, si vous êtes en recherche d'emploi et que vous pensez au télétravail, faites-le en connaissance de cause.

Sur le Web, vous ne trouverez que très peu de postes à pourvoir en télétravail et la quasi-totalité des sites faisant de la publicité pour travailler à domicile sont à la limite de l'escroquerie. Certains utilisent dans leur offre le terme « télétravail » pour recruter uniquement des commerciaux en prospection téléphonique. À cet égard, il est dommage que des sites de recrutement ayant une certaine notoriété se fassent le relais de ces annonceurs sans avertir leurs visiteurs de la précarité de ce type d'emploi.

Les offres sur le Net n'étant pas sûres, il faut agir avec une stratégie de recherche d'emploi proactive et non réactive.

Évaluez vos compétences en fonction du télétravail

Pour pouvoir télétravailler, il faut tout d'abord que votre activité professionnelle consiste à traiter des informations ou à recourir à des médias susceptibles d'être portés par les technologies Internet. Sans ce préalable, vous ne pourrez pas télétravailler.

Il vous faut également avoir une certaine expérience de l'usage du Net, de la bureautique et/ou des logiciels spécifiques de votre métier, tout en maîtrisant les différents aspects de votre profession.

Vous devez en outre avoir le désir réel d'être le plus autonome possible tout en souhaitant exercer en réseau avec vos collaborateurs, vos clients ou encore vos donneurs d'ordres.

Autre prérequis : la proactivité, c'est-à-dire être tourné vers les autres en étant acteur de la démarche. Il ne s'agit pas d'attendre que les autres se manifestent pour passer à l'action, mais l'inverse.

Si vous réunissez ces compétences et ce savoir-faire, vous pouvez sur le plan personnel opter pour exercer un métier ou une profession à distance.

Créez de la valeur ajoutée en incluant le travail à distance

En marge de sa théorie de la chaîne de valeur et des cinq forces concurrentielles, le professeur de stratégie d'entreprise américain Michael Porter a évoqué une nouvelle force, qu'il nomme les « compléments ». Ces derniers ne sont ni des fournisseurs, ni des clients, ni de nouveaux entrants, ni des commerciaux, ni des produits de substitution, mais de nouveaux outils de transformation interférant directement sur les processus de transformation. Ainsi en est-il des fournisseurs de logiciels, de smartphones, de tablettes et des producteurs d'applications pour les smartphones.

Vouloir créer une activité en télétravail devrait s'élaborer suivant la logique des « compléments », en créant systématiquement de la valeur ajoutée par rapport à ce qui existait avant que l'on commence à recourir aux TIC.

EN PRATIQUE

Par exemple, le télésecrétariat à valeur ajoutée devrait répondre à l'ensemble des besoins professionnels d'un manager quand il y fait appel. Cela va de l'assistance commerciale au rédactionnel, de la gestion de l'agenda à la préparation des dossiers, de la mémorisation des actions au suivi client et suivi fournisseur, de la traduction à la vérification orthographique, de la mise en pages de documents à la production de diapositives, de l'assistance à la réservation sous tous ses aspects au suivi de la maintenance des outils du manager, de l'intelligence économique du secteur au suivi des actualités, etc. Il va de soi que si en plus de ces différentes activités, le télésecrétaire maîtrise la connaissance des logiciels s'y rapportant et que ces derniers correspondent avec les terminaux du manager avec qui il travaille, alors il exercera un métier de « complément » à haute valeur ajoutée pouvant être réalisé à distance, à condition que sa connaissance métier se rattache à celle du secteur d'activité de son futur patron, de son futur donneur d'ordre ou de ses futurs clients : le médical, le juridique, les secteurs agricoles, les secteurs du bâtiment, de la communication, du management, des finances, de l'assurance, de l'informatique, etc.

Devenez proactif

Avec la crise financière et économique, le nombre d'emplois à pourvoir continue de baisser en même temps que le chômage reste important. Dès lors, les demandeurs d'emploi ne doivent plus seulement se contenter de chercher dans les petites annonces les postes à pourvoir correspondant à leurs compétences, mais également se lancer dans une action proactive en utilisant au mieux le Net. En agissant de la sorte, ils se mettent en position de télétravail.

Quels sont les moyens à mettre en œuvre ? Il faut tout d'abord connaître votre terrain de chasse, puis vous vendre en devenant visible, enfin savoir rédiger vos messages et maîtriser la communication directe. Les quatre piliers de votre savoir-faire pour utiliser les TIC comme outil de travail dans la recherche ou la création de votre emploi sont donc les suivants :

* connaître les réseaux sociaux ;
* réaliser un blog ;
* maîtriser les échanges par e-mail ;
* savoir utiliser le téléphone dans sa dimension professionnelle.

Sachez utiliser les réseaux sociaux

En termes d'effectif, le plus important réseau social est Facebook. En mai 2013, il comptait plus d'un milliard de personnes inscrites dans le monde, dont vingt-six millions d'actifs en France. Si Facebook est avant tout un réseau dédié à l'exposition de photos et aux échanges avec les proches et les amis, le site sert également aux entreprises pour se faire connaître.

N'oubliez pas que dans Facebook, tout est conservé. Si vous êtes inscrit, ne publiez que des contenus positifs pour vous. Facebook doit être utilisé avec attention, mais considéré comme un réseau complémentaire à Viadeo et LinkedIn.

Viadeo (fr.viadeo.com) donne accès au premier réseau français professionnel. Il comprend plus de sept millions de personnes dans notre pays et dépasse les cinquante millions dans le monde. Viadeo se donne pour mission de gérer et de développer les contacts professionnels et d'accroître les perspectives de carrière. L'Association pour l'emploi des cadres (Apec) est partenaire du réseau. Viadeo doit être le terrain de chasse des cadres en recherche d'emploi.

LinkedIn (fr.linkedin.com), lui, est l'autre grand réseau professionnel. Sur le plan mondial, il regroupe deux cent vingt-cinq millions de personnes. Lui aussi a pour objectif affiché de permettre à ses inscrits de développer leurs relations professionnelles et d'être le point de rencontre des contacts liés aux ressources humaines, en particulier pour les PME et les grandes entreprises. LinkedIn doit être votre autre terrain de chasse.

Selon Olivier Fécherolle, directeur général France de Viadeo : « *Une grande partie des postes s'obtient par relations professionnelles, même pour les jeunes diplômés. Or les réseaux sociaux permettent de se créer rapidement un carnet d'adresses.* » C'est là le premier objectif : se créer un carnet d'adresses et se faire connaître par le biais d'une participation active à certains thèmes de discussion.

Votre présentation sur ces réseaux doit rester honnête. Ne falsifiez pas votre CV, vous le regretteriez rapidement.

Créez un mini-site ou un blog

Si vous êtes inscrit sur les réseaux que nous venons d'évoquer, créer un blog vous permettra d'exprimer vos réflexions sur des sujets qui pourraient intéresser vos lecteurs. Le choix des sujets peut se faire en vous appuyant sur les thèmes favoris des réseaux sociaux dont vous faites partie. Lors des discussions portant sur les thèmes de votre choix, vous ne pouvez être que synthétique ; si vous souhaitez expliquer plus longuement votre point de vue, n'encombrez pas la discussion ouverte sur les forums des réseaux, mais exprimez-vous sur votre blog.

De plus, montrez votre enthousiasme. Ne soyez pas un critique négatif. En cas de contestation dans la discussion entre abonnés, sachez vous montrer positif en apportant les réponses qui permettront à tous de progresser. En faisant des liens entre votre blog et la discussion, vous allez créer une synergie qui devrait vous apporter de nouveaux contacts en dehors du champ actuel de vos connaissances. Avec cette approche proactive et positive, vous allez sortir de l'anonymat et être chasseur et chassé.

Sachez rédiger vos e-mails

Si vous êtes chasseur ou chassé, sachez rédiger vos e-mails et votre CV. Par définition, l'e-mail doit être à la fois court, concis, positif ; et si vous y attachez un document (lettre de motivation et CV), faites en sorte qu'ils soient au format pdf.

EN PRATIQUE

Le titre de l'objet de l'e-mail est primordial : plusieurs mots sont nécessaires, par exemple « Candidature de Laurence Dubois pour la fonction d'assistante de direction RH », ou « Candidature de Rachid Hamidi pour le poste d'ingénieur réseau ». Dans le corps du texte, ne commencez pas par « Bonjour », mais plutôt « Monsieur/ Madame » ou « prénom + nom ». Attention aux fautes d'orthographe ! Surtout, évitez les abréviations. Faites des phrases courtes et terminez par une phrase travaillée et montrant votre disponibilité.

Enfin grâce au contenu, le recruteur doit pouvoir immédiatement identifier les aspirations professionnelles et les points forts du candidat en seulement quelques lignes.

Sachez utiliser le téléphone

Que l'on vous téléphone ou que vous appeliez, votre comportement est primordial. Plus vous souriez, plus vous êtes à l'écoute de votre interlocuteur, plus vous parlez en articulant pour mieux vous faire comprendre, plus vous diminuez votre débit, plus votre interlocuteur sera attentif.

Dans la quasi-totalité des cas, vous devez faire au préalable un mini-inventaire décisionnel, c'est-à-dire hiérarchiser les messages à faire passer, sachant que leur seul but est de vous permettre de parler de vous. Ce n'est en aucune façon un argumentaire ou un fil conducteur, puisque la première des qualités pour téléphoner est d'être à l'écoute de l'autre afin de mieux lui répondre.

Soyez à la fois précis dans vos réponses et ouvert. Il existe des formations courtes et spécialisées pour améliorer considérablement l'usage du téléphone. N'hésitez pas à en suivre une si vous avez du mal à parler de vous et de vos activités, ou si vous ne savez pas vous vendre.

Sachez vous vendre
ainsi que vos compétences

Si la vente est un art, savoir se vendre est un savoir-faire. D'après les études que nous avons menées sur le sujet, environ 10 % de la population possèdent naturellement cette faculté comportementale, mais pour les 90 % restant, elle s'acquiert en connaissant mieux les paramètres de décision chez les êtres humains lorsqu'ils échangent entre eux. Par conséquent, il serait souhaitable de suivre un entraînement approprié.

La décision provient essentiellement de l'émotion positive ressentie par l'acheteur potentiel, y compris lorsqu'il s'agit de collaborer avec une personne ou de recruter quelqu'un. De ce fait, toute attitude négative lors d'un entretien dans l'élocution, la manière de se présenter, l'habillement, la propreté, ou encore l'estime de soi, générera chez le recruteur une émotion négative. Les diplômes ne sont dans les faits qu'une clé permettant d'accéder à un poste ou à une fonction, mais ne sont pas un élément décisionnaire. L'expérience acquise, en revanche, peut jouer un rôle plus positif mais, en cas d'émotion négative trop forte, celle-ci l'emportera au moment du choix entre deux candidats possédant la même expérience.

Vos compétences doivent correspondre à votre présentation. Ne croyez pas qu'un diplôme de telle ou telle grande école, ou un doctorat dans une discipline recherchée, soit à lui seul le passeport pour obtenir à coup sûr un poste. Les recruteurs préféreront quelqu'un de positif, d'ouvert, possédant une intelligence relationnelle et s'habillant avec une certaine recherche. En tant que responsable de recrutement, j'ai rencontré des docteurs et des diplômés de HEC ou de Polytechnique qui ne trouvaient pas de poste pour ces raisons toutes simples.

Si nous avons volontairement introduit dans cet ouvrage portant sur le télétravail ces quelques lignes généralistes, c'est tout simplement pour insister sur la réalité des contacts humains, dans la mesure où le numérique ne les remplacera jamais. Le télétravail n'est pas une fin en soi. Ce n'est qu'une façon de travailler.

Créez votre propre téléactivité

En période de crise, tout le monde ne pourra pas retrouver un emploi si l'activité économique ne repart pas sur le plan mondial. De plus, le jeudi 22 août 2013, comme le mentionnait le quotidien *Le Monde*, l'Humanité avait déjà épuisé son crédit annuel de ressources naturelles : « *"L'heure du bilan a sonné", estime l'organisation non gouvernementale Global Footprint Network (GFN), qui calcule chaque année cette empreinte écologique. Le processus d'épuisement des ressources naturelles s'accélère : le "jour du dépassement" intervient cette année trente-six jours plus tôt qu'en*

2011. En 2005, la limite fut atteinte un 20 octobre ; en 2000, c'était un 1er novembre. »

Désormais, les besoins en ressources naturelles et énergétiques de la France dépassent de 70 % ses ressources disponibles. C'est bien au-delà de la moyenne mondiale. Le déficit s'est creusé très vite : le score hexagonal s'élevait à 44 % en 1995, à 54 % en 2005.

La crise économique actuelle fait office d'alerte. Elle nous indique qu'il est grand temps de changer de modèle. Dès lors, tous ceux qui sont en difficulté pour retrouver un emploi salarié pourraient envisager de créer leur propre activité en respectant au maximum les équilibres écologiques.

Les télétravailleurs indépendants

Quels sont les préalables pour créer sa propre téléactivité ?

Avoir une réelle motivation

Vouloir exercer une activité en indépendant peut être motivé par des raisons personnelles, ainsi que différentes causes environnementales comme la situation géographique, des circonstances économiques, des problèmes sociaux ou médicaux, etc. Les motivations personnelles les plus rencontrées sont les suivantes :

- être libre de ses actes et de son temps ;
- gagner sa vie sans être sous le contrôle d'une autorité quelconque ;
- créer sa propre affaire et la faire grandir grâce à ses compétences en étant un véritable entrepreneur ;
- choisir de vivre en étant indépendant ;
- gagner de l'argent en voulant réellement s'enrichir.

En 2006, l'Insee a effectué la dernière enquête portant sur les motivations des nouveaux créateurs d'entreprise, dont voici les résultats. Chaque personne interrogée devait indiquer trois motivations :

- goût d'entreprendre : 38,7 % ;
- perspective d'augmenter ses revenus : 25,4 % ;
- sans emploi, a choisi de créer son activité : 23,1 % ;
- opportunité de création : 15,9 % ;
- idée nouvelle de produit, de service ou de marché : 12,8 % ;
- seule possibilité pour exercer son activité : 8,9 % ;
- exemple réussi d'entrepreneur dans son entourage : 7,2 % ;
- sans emploi, y a été contraint : 5 %.

Il est certain que depuis le début de la crise économique, ce dernier taux est largement remonté.

Outre ces motivations, les nouvelles possibilités de travail à distance offertes par les TIC permettent de créer une activité motivée par les principales raisons suivantes :

- créer sa propre activité, car il n'y a pas d'emploi salarié là où l'on habite ;
- créer sa propre employabilité, car on ne trouve pas d'emploi ;
- travailler là où l'on aimerait vivre ou là où l'on vit ;
- avoir une activité professionnelle chez soi pour pouvoir s'occuper d'un proche ;
- concilier sa vie professionnelle avec sa vie privée ;
- travailler chez soi ou proche de chez soi pour ne plus subir les déplacements domicile-travail ;
- avoir une activité professionnelle en dépit d'un handicap ;
- compléter les revenus du ménage ;
- rester dans la vie active tout en étant à la retraite.

Ces motivations secondaires ne doivent pas occulter la détermination nécessaire pour que la téléactivité soit suffisamment rentable afin d'en vivre correctement. Il faudra en faire un véritable projet d'entreprise et posséder les compétences appropriées.

Avoir des compétences métiers

Quelle que soit l'activité exercée en télétravail, l'indépendant devra posséder de réelles compétences acquises par le cursus scolaire et académique ainsi qu'une expérience professionnelle. Plus cette dernière sera significative, plus vous serez en mesure de travailler en créant votre propre activité. À cette compétence métier s'ajoute une bonne connaissance des logiciels métiers.

Dans bien des cas, une double ou une triple compétence sera un « plus », à l'instar de certaines personnes qui possèdent, en sus de l'usage des outils logiciels, des connaissances dans une fonction (management, marketing, droit, informatique, etc.) et dans un secteur d'activité (automobile, bâtiment, aviation, voyage, finances, assurances, pédagogie, vini- et viticulture, élevage, hôtellerie, tourisme, etc.), sans oublier la maîtrise si possible de plusieurs langues.

EN PRATIQUE

C'est vrai par exemple pour des activités de télésecrétariat (maîtrise de la rédaction, de la réception des appels téléphoniques ou de leur émission, avec une très bonne connaissance d'un secteur d'activité comme le médical, le juridique, le bâtiment, la vini- ou la viticulture, etc.) comme pour des activités de consulting ou d'expertise dans un domaine spécifique ou un secteur économique donné.

Pouvoir financer son démarrage

Faut-il consacrer une somme d'argent importante au démarrage d'une activité en télétravail ?

En dehors des formations, il est nécessaire d'être suffisamment équipé en informatique et en téléphonie. L'investissement moyen sera de 500 à 1 000, voire 1 500 euros (poste informatique, imprimante multifonction, smartphone ou simple téléphone) pour le matériel, auxquels il faudra ajouter l'achat des licences de logiciels (dont les prix peuvent varier considérablement en fonction des métiers et des activités exercées), ou la location de ces derniers sur un serveur mutualisé. Sans oublier un site Internet personnel, dont le coût dépend des fonctionnalités et de la réalisation éventuelle par un webdesigner ou un concepteur extérieur. Au démarrage, son prix va de 200 à 1 000 euros. Enfin, s'y ajoutent le mobilier (bureau ou table, chaise ou fauteuil ergonomique et meuble de rangement) et l'achat d'un fichier ciblé pour effectuer sa prospection commerciale.

Rappelons que ces investissements peuvent être comparés à la dernière enquête Insee portant sur le sujet (2006). En réponse à la question « Combien avez-vous investi pour démarrer votre activité ? », voici les réponses :

- moins de 4 000 euros : 39 % ;
- de 4 000 à 8 000 euros : 15,8 % ;
- de 8 000 à 16 000 euros : 17 % ;
- de 16 000 à 40 000 euros : 14,9 % ;
- plus de 40 000 euros : 13,3 %.

Depuis 2006, l'inflation a été de l'ordre de 15 % jusqu'en 2013. À vous d'évaluer correctement le budget de démarrage afin de ne pas être immédiatement contraint par des problèmes de trésorerie. Faites appel à la famille et aux amis s'il le faut, à la banque ou aux *business angels* en fonction de vos objectifs à court, moyen et plus long terme, et de vos rentrées d'argent.

Avoir un débit Internet suffisant

Sur le plan des TIC, un certain nombre de préalables sont nécessaires.

Dans la majorité des cas, les débits proposés par les fournisseurs d'accès en DSL suffisent pour la quasi-totalité des téléactivités, sauf pour celles qui manipulent l'image et la vidéo, où le THD (Très Haut Débit) s'impose. En effet, les débits Internet restent hétérogènes dans certaines zones urbaines, voire rurales. Pourtant, dans quelques zones isolées et montagneuses, voire périurbaines, nous en sommes encore à l'âge de pierre, avec des débits à 52 Ko à partir de 17 heures. En effet, avec le *triple play*, il est souvent impossible de travailler sur le Net dès lors que les enfants sont rentrés à la maison ou lorsque les télévisions sont allumées.

En zone rurale, ces dernières entraves ont en partie été levées par la voie satellitaire avec les offres d'Eutelsat ou de ses partenaires. Il faut également noter que les débits ADSL restent trop souvent insuffisants pour utiliser en simultané la voix sur IP (VoIP) ou la visiophonie lorsque de nombreux postes fonctionnent simultanément. Il faut attendre que le THD avec la fibre optique se mette en place jusqu'à l'utilisateur final : FTTH (Fiber To The Home : fibre jusqu'au domicile) et FTTO (Fiber To The Office : fibre jusqu'au bureau, entreprises).

En février 2013, le Gouvernement a annoncé que le THD couvrirait toute la France en 2023. Espérons que cet engagement sera tenu.

Avoir une sécurité informatique professionnelle

Cet aspect s'avère très important dans la mesure où les données échangées et manipulées par les télétravailleurs indépendants appartiennent bien souvent à leurs clients ou à leurs donneurs d'ordres.

EN PRATIQUE

Nous vous conseillons d'avoir :

- un antivirus mis à jour ;
- un système de cryptage dans l'envoi et la réception des données sur Internet appartenant à un client ;
- un système de cryptage pour le disque dur si les données sont portées par le disque dur d'un portable.

Pour les portables informatiques et les *netbooks*, l'ouverture des sessions devrait se faire par mot de passe, voire par une clé USB avec mot de passe et un système de disque inviolable si des informations sensibles figurent sur le disque dur.

Il faudrait enfin un système de sauvegarde automatisée des données ou utiliser un *cloud* sécurisé.

Se faire accompagner en période de création

Tout le monde ne peut se lancer seul dans ce qui reste une aventure. Se mettre à son compte, lancer sa propre activité présente de réelles difficultés. Il faut être non seulement sacrément motivé, mais également autonome, savoir décider, prioriser les actions, être déterminé, et se remettre en cause tout en restant positif.

Ceux qui souhaitent se lancer dans cette aventure devraient commencer par faire un bilan de compétences, qu'il faudra mettre en correspondance avec leur projet, l'objectif comportemental étant de mieux cerner leurs qualités et leurs défauts afin d'en tirer les conséquences.

Ne pouvant tout connaître dans une société complexe, dans la plupart des cas, il est souhaitable de se faire accompagner. De nombreuses structures locales, régionales et nationales sont là pour aider à créer et à déployer une téléactivité, par exemple :

- BGE Réseau (anciennement appelé « boutiques de gestion ») ;

- France Active ;
- le site de l'Agence pour la création d'entreprises (APCE), dont le moteur de recherche permet d'identifier localement l'association ou le club de créateurs qui peut accompagner sur le plan comportemental et financier.

Avoir l'assentiment des proches et de la famille

Avant de vous lancer dans l'aventure de création de votre propre activité et donc employabilité, il faut obtenir l'accord et l'aide de vos proches. Sans cet acquiescement, vous risquez d'être fragilisé sur le plan affectif et de ressentir des émotions négatives avec leurs conséquences : tensions, reproches, perte de confiance réciproque, etc.

Vos proches vous connaissent bien. Ils pourront vous apporter les bons conseils dont vous avez besoin pour éventuellement corriger votre manière de penser et d'agir face aux difficultés que vous rencontrerez.

Pour certains, les proches seront également les premiers à venir vous épauler pour constituer les besoins de financement initiaux. Ne vous privez pas dès le démarrage de leurs conseils !

Savoir s'automanager

L'automanagement consiste essentiellement à savoir se piloter et à piloter ses processus de production pour atteindre les objectifs que l'on s'est fixés en étant à l'écoute directe des autres et de son environnement.

Si pour certaines activités, le pilotage est relativement simple, il n'en est pas de même pour d'autres. Par exemple, pour pouvoir conduire un véhicule, il a fallu nécessairement apprendre le Code de la route et suivre des cours de conduite. Puis une fois sur la route, il faut rester constamment à l'écoute de ce qui se passe. Il en est de même pour nombre d'activités.

Malheureusement, l'apprentissage de l'automanagement n'est pas suffisamment développé sur le plan de la formation personnelle et commence simplement à être déployé dans les entreprises. Pourtant, c'est ce type de management qui correspond au mieux aux enjeux de notre société. En effet, il répond à la nécessaire adaptation permanente. Voici celui que nous préconisons.

Phase préparatoire

Déterminez vos objectifs

Commencez par déterminer vos objectifs à moyen terme sur le plan financier : combien souhaitez-vous gagner par mois, charges comprises ? Quand on dit à moyen terme, c'est dans six à neuf mois.

Vous devez également fixer le tarif de vos prestations, qui correspond au temps passé à travailler ou à exécuter un travail donné, par exemple, le coût de l'heure en secrétariat, de la page en traduction, d'une journée ou d'une demi-journée en conseil ou formation, de réalisation d'un site Internet, etc. Attention, vos tarifs et vos honoraires doivent correspondre à ceux du marché. Ne vous sous-estimez ni ne vous surestimez pas !

Pour calculer ce montant en tant que cadre, le site de l'Apec propose dans sa page « Ma carrière » un calculateur du salaire annuel auquel on peut prétendre après avoir rempli les critères. Vous pouvez le trouver sur un moteur de recherche avec les mots clés : « évaluez votre salaire + apec[1] ». Ce salaire étant estimé par le calculateur du site pour un an, multipliez la somme obtenue par deux pour tenir compte des charges sociales, puis divisez le résultat par mille huit cents heures

---

1. Au moment de la publication, il se situe sur le lien suivant : http://cadres.apec. fr/cms/boxes/ApecCmsBoxes.jsp?PEGA_HREF_14191786_0_0_doEvaluerSalair e=doEvaluerSalaire

annuelles pour obtenir le montant du salaire moyen horaire auquel vous pouvez prétendre pour vendre vos prestations en correspondant aux prix du marché.

Si votre expertise dépasse la moyenne du marché, vous pouvez réévaluer en pourcentage ce tarif horaire moyen. Afin de tenir compte de vos frais professionnels, n'hésitez pas à majorer cette somme de 10 % ou 15 %, puis de 8 % à 10 % pour les frais de prospection et de commercialisation.

Comme vous avez fixé vos objectifs en termes de revenu, vous connaissez à présent le chiffre d'affaires que vous devez réaliser pour atteindre vos objectifs personnels. De ce chiffre, déduisez le nombre de clients vous permettant de réaliser ce chiffre d'affaires, ainsi que la nature de votre action commerciale.

EN PRATIQUE

Prenons deux exemples.

1) Le secrétariat bilingue

Pour ce travail d'exécution, les tarifs horaires sont calculés en fonction du revenu recherché rapporté au temps de travail. Mme Legard veut s'installer comme secrétaire bilingue spécialisée dans le domaine du bâtiment et se fixe un revenu de 1 500 euros net par mois. Elle estime ses frais personnels à 100 euros par mois. À combien doit-elle vendre ses prestations ? Son chiffre d'affaires devrait être : 1 500 x 2 = 3 000 euros + 100 euros = 3 100 euros par mois, soit 3 100 x 12 = 37 200 euros par an. Elle devrait donc vendre ses prestations à : 37 200/1 800 = 20 euros par heure ou 150 à 160 euros par jour.

Sachant qu'une entreprise, une cave ou une coopérative vinicole peut recourir aux services de Mme Legard deux à trois jours par mois afin de traduire les courriers reçus et d'écrire aux clients étrangers, quel est le nombre de clients à atteindre ? Le nombre de jours demandés par an par un client se situe entre vingt-quatre et trente-six. Le chiffre d'affaires par client sera alors de 24 x 150 = 3 600 euros par an à 36 x 150 = 5 400 euros par an.

Le nombre de clients dont elle a besoin pour réaliser ses objectifs se situera entre 37 200/5 400 = 6,88 et 37 200/3 600 = 10,3 soit entre 7 et 11.

Son action commerciale devra lui permettre de les atteindre.

2) Le consulting en marketing

Ici, le consultant doit fixer le prix de ses prestations en fonction du service qu'il apporte en tenant compte de son expertise.

Par exemple, M. Delvira, âgé de cinquante et un ans, est un cadre du marketing qui ne retrouve pas de travail dans la Drôme, où il habite. Il souhaite se reconvertir en consultant et coach-formateur auprès des PME situées entre Lyon et Marseille et gagner 4 000 euros HT par mois. Combien doit-il effectuer de jours de travail par an et pour combien de clients ? Sur le site de l'Apec, il fait son estimation pour « être dans le marché » en utilisant ses critères personnels. Le salaire brut estimé par l'Apec est de 67 300 euros par an. M. Delvira pourra donc « être dans le marché » si ses tarifs sont les suivants :

67 300 x 2 = 136 400/1 800 = 74,77 euros de l'heure soit 75 euros hors taxe de l'heure ou 600 euros HT par jour. Il peut ajouter 10 % ou 15 % pour ses frais, soit 660 à 700 euros.

Le chiffre d'affaires à réaliser sera de 4 000 euros x 2 x 12 = 96 000 euros + 10 % pour ses frais professionnels, soit 105 600 euros par an. En admettant qu'il facture ses prestations 700 euros la journée, il doit facturer 105 600 euros/700 euros = 150 jours de prestations par an.

À partir de ce nombre de jours de travail à réaliser, il pourra proposer son offre en la déclinant auprès de ses futurs clients (études de marché en France ou en Europe, études de produits, études comportementales et de consommation, études de la distribution à mettre en œuvre ou à améliorer, plan de formation aux nouveaux produits des commerciaux, conception des aides à la vente et assistance de communication, etc.), puis analyser ses cibles de clientèle potentielle afin d'adapter son offre. Bref, faire le travail qu'il proposera à ses clients pour lui-même.

Partez toujours des objectifs à atteindre pour revenir aux actions à mettre en place afin de réaliser le but que vous vous êtes fixé.

Internet permet de créer et de développer une activité indépendante

Petit à petit, Internet et ses technologies s'appliquent à l'ensemble des activités humaines. Déjà, des secteurs économiques entiers sont dépendants des TIC comme la recherche, les finances et l'assurance, le tourisme, les transports aériens, ferroviaires et maritimes, la production industrielle intégrée dans l'aviation, l'automobile, et demain le bâtiment, etc.

Le commerce électronique augmente d'année en année, atteignant à la fin 2012 selon la Fevad (Fédération de l'e-commerce et de la vente à distance) 45 milliards d'euros avec cent dix-sept mille cinq cents sites marchands.

De nombreux projets sont en cours dans la plupart des régions concernant l'e-santé, l'aide et le suivi de personnes souffrant de différentes pathologies, ainsi que le maintien des personnes âgées à domicile. Il suffit de taper « e-santé » ou « télésanté » dans un moteur de recherche pour en prendre la mesure.

Avec l'e-administration, la quasi-totalité de l'administration se met à Internet, aussi bien dans les échanges entre les administrés et les services de l'État et les régions, qu'entre les services du « mille-feuille » administratif français.

La quasi-totalité des services à la personne et aux entreprises devrait se positionner sur Internet. En France, à la fin 2012, il y avait selon Médiamétrie 40,24 millions d'internautes. Selon le rapport Olfeo[1] 2013, plus de 95 % des entreprises seraient connectées à Internet et autoriseraient leur personnel à l'utiliser. Ces chiffres montrent l'intérêt de s'interroger sur les possibilités de créer et de développer sa propre activité en utilisant Internet comme vecteur de sa communication, de ses prestations et services.

---

1. Entreprise spécialisée dans la sécurité informatique des entreprises et des administrations.

Quelles ressources et compétences mettre en œuvre ?

Comme nous l'avons précisé plus haut, télétravailler en tant qu'indépendant nécessite des compétences et de savoir les transformer en une offre attractive sur le marché. Il faut en conséquence être un « professionnel » de ce que l'on peut offrir :

* informatique ;
* infographie ;
* secrétariat spécialisé ;
* consulting spécialisé ;
* juridique ;
* management ;
* formation ;
* ingénierie ;
* services aux personnes ;
* services aux entreprises ;
* e-commerce, etc.

Impossible d'établir ici la liste complète des activités pouvant être créées en indépendant en utilisant Internet et les TIC comme outils de communication et de production.

En outre, il vous faut un marché, autrement dit des entreprises ou des personnes recherchant vos produits, votre service, vos compétences et souhaitant faire affaire avec vous.

Avant de vous lancer, n'hésitez pas à chercher si d'autres personnes se sont lancées sur les mêmes activités que vous sur le Net, *via* un moteur de recherche ou en interrogeant les réseaux sociaux. En étudiant leur présentation ou leur site et en interrogeant par exemple « societe.com », vous pourrez savoir comment vous situer avant de commencer.

En revanche, si vous êtes un véritable innovateur, il vous faudra envisager une toute autre approche. Dans la plupart des cas, une étude de marché préalable par phoning sera nécessaire afin de tester votre idée d'entreprise ou d'activité.

Dans la phase de démarrage, surtout ne restez pas seul, car si vous bénéficiez de compétences, vous avez aussi comme tous les autres des incompétences dans des domaines donnés. Certains seront des informaticiens hors pair mais de piètres commerciaux, d'autres d'excellents techniciens totalement étrangers aux droits et aux obligations, etc. Faites l'inventaire de vos incompétences et identifiez ceux qui pourront vous apporter ce qui vous fait défaut. Ils deviendront alors vos ressources complémentaires nécessaires. Enfin, comme nous le verrons plus loin, n'hésitez pas à rejoindre un espace de *coworking*.

Connaissez les difficultés du télétravail indépendant pour mieux les affronter

Il faut nécessairement être motivé pour vaincre les difficultés, car créer sa propre activité demande de la détermination, du courage, de la ténacité, et du goût pour l'aventure.

Les difficultés des indépendants-dépendants

L'activité d'un certain nombre d'indépendants consiste à répondre à des donneurs d'ordres, qui fixent leurs prix pour une prestation donnée. Dans la plupart des cas, cette prestation se traduit par une obligation de résultat. Attention : ce type de travail peut vous mettre dans une situation de dépendance lorsque le donneur d'ordre impose les horaires de travail.

Nous sommes alors à la limite entre le non-salariat et le salariat, même si la mission est confiée à une personne déclarée fiscalement et socialement indépendante, comme le précise l'article L. 8221-6 du Code du travail mis à jour le 23 décembre 2011 : *« I. Sont présumés ne pas être liés avec le donneur d'ordre par un contrat de travail dans l'exécution de l'activité donnant lieu à immatriculation ou inscription :*

1° Les personnes physiques immatriculées au registre du commerce et des sociétés (RCS), au répertoire des métiers, au registre des agents commerciaux ou auprès des unions de recouvrement des cotisations de Sécurité sociale et d'allocations familiales pour le recouvrement des cotisations d'allocations familiales...

3° Les dirigeants des personnes morales immatriculées au registre du commerce et des sociétés et leurs salariés ;

4° Les personnes physiques relevant de l'article L. 123-1-1 du Code de commerce ou du V de l'article 19 de la loi n° 96-603 du 5 juillet 1996 relative au développement et à la promotion du commerce et de l'artisanat.

II. L'existence d'un contrat de travail peut toutefois être établie lorsque les personnes mentionnées au I fournissent directement ou par une personne interposée des prestations à un donneur d'ordre dans des conditions qui les placent dans un lien de subordination juridique permanente à l'égard de celui-ci.

Dans ce cas, la dissimulation d'emploi salarié est établie si le donneur d'ordre s'est soustrait intentionnellement par ce moyen à l'accomplissement des obligations incombant à l'employeur mentionnées à l'article L. 8221-5.

Le donneur d'ordre qui a fait l'objet d'une condamnation pénale pour travail dissimulé en application du présent II est tenu au paiement des cotisations et contributions sociales à la charge des employeurs, calculées sur les sommes versées aux personnes mentionnées au I au titre de la période pour laquelle la dissimulation d'emploi salarié a été établie. »

Le télétravailleur indépendant doit en conséquence veiller à signer des contrats de collaboration avec plusieurs donneurs d'ordres et ne pas être soumis à des horaires le mettant dans une situation de dépendance sous peine que les missions soient requalifiées en salariat[1]. Par conséquent, ce type d'indépendant éprouve des difficultés à trouver des donneurs d'ordres (entreprises) et à être bien rémunéré, car suivant les secteurs d'activité, la concurrence est rude.

Dans les faits, les indépendants-dépendants ne sont pas à proprement parler des chefs d'entreprise, car leurs revenus sont souvent décidés par les donneurs d'ordres et ils ont parfois des horaires imposés, comme les téléconseillers.

Les difficultés des entrepreneurs de services

Certains indépendants sont proactifs, voire entrepreneurs, dans la mesure où ils se positionnent sur le marché en offreur de services. Leur objectif professionnel est de créer leur propre activité en étant maître de leur action commerciale, des prix qu'ils pratiquent, du packaging de leur offre et du choix de leurs cibles de clientèle. On trouve dans cette catégorie la plupart des métiers offrant des services à valeur ajoutée en ligne :

- téléconsulting ou téléconseil dans le marketing, le management, les finances, la gestion, etc. ;
- téléformation ;
- activités informatiques et des TIC ;
- télémaintenance ;
- métiers du Net : conception de sites, infographie, sécurisation informatique (voir ci-après) ;
- ingénierie ;
- traduction ;
- juristes ;
- designers ;

---

1. Les auto-entrepreneurs doivent porter une attention toute particulière à ces dispositions.

- free-lances du journalisme, de l'édition, de la conception rédactionnelle, de la communication et des médias, etc.

Dans les faits, ils proposent à leurs clients leur savoir-faire comme une valeur ajoutée grâce à leurs compétences…

Comme nous l'avons vu dans la liste à puces, les *geeks* du numérique appartiennent à la catégorie des indépendants. Ils exercent principalement en tant que free-lances comme créateurs sur le Net, en particulier d'applications pour les tablettes et les smartphones. Il s'agit des développeurs, graphistes 3D, webdesigners, concepteurs de jeu et de toutes les applications qui révolutionnent notre manière d'appréhender notre environnement.

Pourtant, tout le monde ne peut exercer en indépendant. Il faut avoir non seulement des compétences professionnelles, mais aussi le tempérament pour affronter la solitude, les refus, les échecs dans les négociations commerciales, et les difficultés inhérentes à ce type de profession. On peut citer les difficultés suivantes :

- la solitude ;
- l'impossibilité à recevoir des clients au domicile ;
- un mauvais choix de statut juridique ;
- le manque de compétences pour faire une offre concurrentielle ;
- l'incapacité à vendre et à se vendre ;
- l'incapacité à prioriser ses actions ;
- le manque de discipline personnelle pour se mettre réellement au travail ;
- les gênes familiales si l'on travaille à domicile, etc.

Par conséquent, les qualités requises sont les mêmes que celles qui étaient nécessaires avant la naissance d'Internet :

- l'esprit d'initiative ;

* le sens des responsabilités ;
* le désir d'autonomie ;
* la capacité de travail ;
* la santé ;
* le courage ;
* la ténacité ;
* l'écoute ;
* l'art de vendre et de se vendre ;
* l'enthousiasme ;
* le jugement du bon sens ;
* et l'accord des siens…

Les difficultés des e-commerçants

Ouvrir une boutique en ligne est devenu d'une simplicité confondante. En effet, on peut acheter des sites packagés, prêts à l'emploi et pour des prix excessivement bas. Pourtant, cela entraîne aussi quelques difficultés.

Ainsi, le *business model* doit véhiculer une idée de commerce hautement concurrentielle, originale et recherchée. Le site doit apporter une valeur ajoutée aux clients potentiels comme des prix bas, de la qualité, des produits introuvables ou originaux.

Une fois le *business model* réalisé, il faut savoir se référencer sur les moteurs de recherche, en particulier Google, et par conséquent maîtriser le webmarketing.

Enfin, il faut mettre au point la logistique des achats et des ventes afin de maîtriser le transport des marchandises et de satisfaire les clients au moindre coût.

Pour ceux qui initient un courtage en ligne, les difficultés surviennent dès le démarrage de l'activité, puisqu'il faut réaliser un développement sur mesure du site avec des fonctionnalités permettant aux offreurs comme aux demandeurs de se positionner en ligne *via* des bases de données interconnectées. Puis, il faut se faire connaître et enfin maintenir la qualité des services proposés. Dans la quasi-totalité des cas, contrairement aux boutiques en ligne, l'e-courtage nécessite des investissements lourds dont le retour sur investissement peut s'avérer difficile.

Phase de mise en route

Choisissez votre lieu de travail : domicile, télécentre ou espace de *coworking*

Choisir son lieu de travail dépend des possibilités existantes au domicile. Si vous avez la chance d'avoir un tiers lieu à proximité, n'hésitez pas. Allez-y à raison d'une demi-journée, un jour, deux jours ou deux demi-journées, et travaillez depuis chez vous le reste de la semaine. L'efficacité de votre travail sera très différente.

Si vous ne disposez pas d'un tiers lieu, essayez de trouver un autre espace comme une bibliothèque municipale, un centre multimédia, voire un café. Dans les deux premiers, vous pourrez lire les magazines d'actualités, ce qui est indispensable quand vous créez votre propre activité. Le café quant à lui correspond à un lieu de repli. Sachez cependant que nombre d'écrivains viennent y écrire ou corriger leur livre, car là encore c'est l'alternance qui permet de mieux se concentrer malgré le bruit ambiant.

Choisissez votre statut juridique

C'est l'un des points qui nécessitent une réelle réflexion. Nous ne pouvons que vous conseiller de l'étudier avec l'expert-comptable de votre choix. Vous ne trouverez ci-après que les grandes lignes des possibilités qui vous sont offertes. Il faudrait en effet analyser votre projet et vos objectifs en détail pour vous répondre convenablement.

Créez une activité dans un statut d'indépendant

– Commerçant

Les commerçants sont définis comme des personnes exerçant des actes de commerce (article L. 121-1 du Code de commerce). Il s'agit des actes de commerce par nature comme les achats pour revendre, les opérations de banque et de change, les opérations d'intermédiation commerciale comme le courtage dans un domaine particulier (assurances, immobilier, formation, recherche de fournisseurs) et les actes par la forme (tous ceux concernant une lettre de change et ceux commis par une société commerciale).

– Artisan

Le décret du 1er mars 1962 considère comme artisan celui qui vend essentiellement des produits ou des services issus de son travail et dont l'entreprise ne compte pas plus de dix salariés. La liste des métiers des artisans est disponible sur le site de l'artisanat[1]. Sont des artisans les graphistes, les infographistes, les modélistes maquettistes et les photographes.

– Profession libérale

Toutes les autres professions indépendantes hormis les commerçants et les artisans sont dites libérales. Leur liste se trouve sur le site des maisons des professions libérales[2]. La Loi Warsmann du 23 mars 2012, celle qui a fait entrer le télétravail dans le Code du travail, donne une nouvelle définition des professions libérales en son article 23 : « I. *Les professions libérales groupent les personnes exerçant à titre habituel, de manière indépendante et sous leur responsabilité, une activité de nature généralement civile ayant pour objet d'assurer,*

---

1. http://www.artisanat.info/liste-metiers
2. http://www.professionsliberales.org/liste-des-professions-liberales.php

dans l'intérêt du client ou du public, des prestations principalement intellectuelles, techniques ou de soins mises en œuvre au moyen de qualifications professionnelles appropriées et dans le respect de principes éthiques ou d'une déontologie professionnelle, sans préjudice des dispositions législatives applicables aux autres formes de travail indépendant. »

Quand vous vous déclarez en tant qu'auto-entrepreneur vous devez choisir votre régime social de commerçant, d'artisan ou de profession libérale.

Au moment où cet ouvrage était mis sous presse, le statut d'auto-entrepreneur ayant été remis en cause sous la pression des artisans du bâtiment, il est impossible d'en donner les chiffres clés essentiels. Selon nous, ce régime perdurera, mais avec quels seuils plancher ? Avant la réforme en cours, il ne fallait pas dépasser en chiffre d'affaires les plafonds suivants :

- 81 500 euros pour une activité de commerce ;
- 32 600 euros pour les services relevant des **BIC** (bénéfices industriels et commerciaux) et des **BNC** (bénéfices non commerciaux).

Si le montant de leur activité est inférieur au plafond, les auto-entrepreneurs sont soumis au régime fiscal de la microentreprise.

– Régime fiscal de la microentreprise (principes généraux)

Il ne faut pas dépasser les chiffres d'affaires ci-dessus au cours de l'année fiscale.

D'un point de vue comptable, le régime de la microentreprise présente des avantages : dispense de facturation, de bilan et de compte de résultat, enfin du paiement de la TVA. En contrepartie, l'entrepreneur ne la récupère pas non plus.

Les obligations comptables sont réduites :

- tenue d'un livre-journal détaillant les recettes et d'un registre récapitulatif des achats ;
- conservation des pièces justificatives des achats, ventes et prestations de service.

– Régime microsocial

Le microentrepreneur est immatriculé auprès des caisses des travailleurs non salariés (TNS) pour la maladie-maternité, les allocations familiales et la retraite.

Les artisans, commerçants et chefs d'entreprise indépendants doivent verser leurs cotisations et contributions sociales personnelles obligatoires, ainsi que pour leurs conjoints collaborateurs, auprès du régime social des indépendants (RSI). Les professions libérales sont affiliées au RSI pour l'assurance maladie-maternité et à la CIPAV pour la caisse de retraite.

Le régime microsocial ou « bouclier social » concerne les entreprises individuelles soumises au régime fiscal de la micro-entreprise : commerçants, industriels, artisans et professionnels libéraux.

Chaque trimestre ou chaque mois, le microentrepreneur déclare son chiffre d'affaires HT réellement réalisé au cours de cette période (il est possible de le faire en ligne avec la télédéclaration net-micro) et verse les cotisations sociales correspondantes. Leur montant est calculé en appliquant au chiffre d'affaires un taux global de cotisations qui varie en fonction de l'activité exercée :

- 12 % du CA HT pour les activités de commerce, de vente à consommer sur place et de fourniture de logement (hôtellerie, meublés) ;
- 21,3 % du CA HT pour les prestataires de services relevant des BIC ;
- 18,3 % du CA HT pour les professions libérales au BNC.

Si le chiffre d'affaires est nul, l'entrepreneur ne paie pas de cotisations sociales.

L'option pour le régime microsocial est à formuler en ligne auprès du RSI : pour les entrepreneurs existants, au plus tard le 31 décembre pour une application l'année suivante ; en cas de création d'activité, au plus tard le dernier jour du troisième mois suivant la création de l'entreprise.

L'option est valable toute l'année civile pour laquelle elle est exercée, reconduite tacitement pour l'année suivante, sauf dénonciation avant le 31 décembre ou en cas de demande de changement de périodicité avant le 31 octobre.

Lorsqu'il formule son option, l'entrepreneur choisit la périodicité de ses déclarations de chiffre d'affaires et de ses paiements.

EN PRATIQUE

Attention ! Les taux de cotisation sont différents pour les habitants des DOM-TOM. Pour en savoir plus, reportez-vous au site officiel de l'auto-entrepreneur (www.lautoentrepreneur.fr/).

L'ordre des experts-comptables a mis en ligne sur son site (www.experts-comptables.fr/) un calculateur permettant d'évaluer les charges sociales et fiscales des auto-entrepreneurs.

Pensez également à protéger vos biens

Si vous vous lancez dans une activité principale en télétravail, vous devez penser à protéger vos biens personnels en faisant une déclaration préalable devant notaire, ou en exerçant au travers d'une structure permettant de les mettre à l'abri en cas de difficultés financières. En effet, si vous exercez en nom propre (commerçant, artisan, profession libérale), vos biens peuvent être saisis intégralement par vos créanciers pour payer les dettes que vous pourriez contracter dans le cadre de votre téléactivité.

Pour éloigner ces difficultés, plusieurs solutions juridiques existent.

– La déclaration d'insaisissabilité

Elle se fait devant notaire. La formalité est publiée au bureau des hypothèques et fait l'objet, selon les cas, d'une mention au RCS pour un commerçant ou sur le Répertoire des métiers pour un artisan, ou d'une publication dans un journal d'annonces légales du département où l'activité professionnelle sera exercée pour un professionnel libéral ou un auto-entrepreneur.

– L'Entreprise Individuelle à Responsabilité Limitée (EIRL)

L'EIRL consiste à isoler un patrimoine professionnel appelé « patrimoine d'affectation », qui pourra seul être saisi par les créanciers. La constitution de ce patrimoine doit correspondre à tous les biens, droits, obligations et sûretés nécessaires à l'activité de l'EIRL et dont l'entrepreneur est titulaire, et facultativement, les biens, droits, obligations et sûretés qu'il utilise dans le cadre de son activité.

Les centres de formalités des entreprises (CFE) remettent gratuitement un modèle de déclaration d'affectation. En cas de déclaration au CFE, il n'y a pas de frais supplémentaires, mais si vous faites votre déclaration en auto-entrepreneur, vous devez vous acquitter de 55,97 euros.

EN PRATIQUE

L'ordre des experts-comptables a développé un simulateur fiscal et social qui permet de comparer le régime fiscal et social de l'entreprise en fonction du statut juridique et des options fiscales choisies, et d'identifier les particularités de l'EIRL et leurs impacts sur la situation du chef d'entreprise. L'EIRL peut démarrer en auto-entrepreneur.

– L'Entreprise Unipersonnelle à Responsabilité Limitée (EURL)

L'EURL est une SARL qui ne comporte qu'un seul associé : vous. Les apports peuvent se faire en nature ou en numéraire.

Le capital de constitution est librement fixé par le créateur. Attention : si le capital de l'EURL est trop faible par rapport à l'activité exercée, la responsabilité du gérant pourrait être engagée. Si tout est correct, la responsabilité de l'associé unique est limitée aux apports. Dans ce cas, l'indépendant en EURL ne peut démarrer en auto-entrepreneur et cotise aux charges sociales des travailleurs non salariés comme les commerçants, artisans ou professions libérales suivant son activité.

Pour toute précision, consultez le site de l'APCE (www.apce. com) et un expert-comptable.

Vouloir un régime salarié tout en étant « indépendant »

Le régime social des salariés est meilleur que celui des TNS, en particulier au niveau de la retraite, mais les cotisations salariales sont beaucoup plus élevées. Deux statuts permettent d'exercer en solo avec le régime des salariés.

– La Coopérative d'Activités et d'Emploi® (CAE)

Comme le précise le site Internet des coopératives d'activités et d'emploi[1], voici les définitions que nous pouvons retenir : *« La CAE® est ouverte à toutes celles et ceux qui souhaitent poursuivre un projet entrepreneurial. La coopérative est une entreprise multiactivités qui rassemble des porteurs de projet.*

Juridiquement et socialement, vous êtes salarié de la CAE : c'est elle qui facture vos ventes, encaisse vos règlements et porte la responsabilité juridique de vos actes professionnels. Votre activité est donc hébergée fiscalement, juridiquement et comptablement par la CAE® qui réalise l'ensemble de ces démarches de manière mutualisée. Professionnellement et économiquement, vous êtes autonome et responsable de votre activité.

---

1. http://www.cooperer.coop/

Vous bénéficiez d'un accompagnement individuel et collectif dans le développement de votre projet.

Individuel sous forme d'un suivi personnalisé du développement de votre activité avec le soutien d'un permanent de la structure.

Collectif sous forme d'atelier de formation sur les thématiques de la gestion d'entreprise (comptabilité, communication, commercial, etc.) et d'atelier professionnel pour la mise en place d'actions collectives (réponse à un appel d'offres, salon professionnel, etc.).

Afin de participer aux frais de fonctionnement de l'entreprise partagée, chacun verse 10 % de son chiffre d'affaires dans le "pot commun". »

Pour plus de renseignements, consultez le site des CAE ou celui de l'Association des Coopératives d'activités[1] ou encore des SCOP[2]. Notez qu'une CAE s'est spécialisée dans les métiers des TIC, de l'informatique et du graphisme : http://eclectic.coop. D'autres coopératives dites « de compétences » sont en gestation pour répondre plus précisément aux télétravailleurs ayant des compétences et souhaitant exercer en solo dans le cadre du salariat.

– Le portage salarial

La possibilité pour une personne de faire porter ses conventions de mission de travail par une société tierce a été largement modifiée par la loi de modernisation du marché du travail du 25 juin 2008. Par ailleurs, cette loi a permis de réaliser un accord entre la fédération de l'intérim et les syndicats de portage salarial le 24 juin 2010. D'après cet accord, le portage salarial ne concernerait que les cadres pouvant prétendre à un salaire minimum brut mensuel de 2 900 euros provenant de missions obtenues dont ils restent intégralement propriétaires. Cependant, cet accord n'a jamais été étendu par décret d'application. En conséquence, il reste encore en suspens jusqu'à

---

1. http://www.copea.fr/
2. http://www.les-scop.coop/sites/fr/

publication du décret. Nous sommes dans une période transitoire qui devrait être rapidement éclaircie.

Selon l'APCE, « l'opération de portage nécessite la conclusion de deux, voire trois contrats :

1) Un contrat de prestation de service signé entre le consultant, la société de portage et le client. Il s'agit d'un contrat classique qui doit mentionner la nature de la prestation à effectuer, les dates de début et de fin de la mission, ainsi que les modalités de paiement.

2) Un contrat de travail entre le consultant et la société de portage. Il est établi en même temps que le précédent contrat. Il s'agit généralement d'un contrat à durée déterminée couvrant la période de la mission, mais certaines structures utilisent le contrat à temps partiel annualisé ou le contrat à durée indéterminée.

3) Une convention d'adhésion peut également être signée entre ces mêmes personnes pour prévoir les modalités de refacturation des honoraires, ainsi que les prestations annexes proposées par les sociétés de portage ».

D'une manière générale, le portage salarial concerne principalement les consultants. Les frais de gestion varient de 10 % à 15 % du montant des affaires réalisées. Pour la personne portée, ces frais s'ajoutent à l'ensemble des charges sociales salariées et patronales qui doivent être retirées de ses honoraires des missions pour obtenir son revenu net.

---

1. http://www.sneps.fr
2. http://www.fenps.fr

EN PRATIQUE

Pour trouver une société de portage, vous pouvez vous adresser au syndicat national des entreprises de portage salarial (SNEPS[1]) ou à la fédération nationale du portage salarial (FeNPS[2]).

Connaissez les principaux logiciels libres et les sites utiles

Dans la plupart des domaines, il existe des logiciels libres permettant de travailler. Ces derniers ont été développés par de nombreux contributeurs dans le monde. Attention, ces logiciels sont en perpétuelle amélioration : mieux vaut n'utiliser que ceux reconnus comme étant stables et ayant quelques années d'existence. La plupart de ces logiciels sont sous licence GNU GPL version 3. Suivant l'auteur de la publication sur Wikipédia appartenant à la communauté des développeurs de logiciels libres, « l'objectif de la licence GNU GPL, selon ses créateurs est de garantir à l'utilisateur les droits suivants (appelés libertés) sur un programme informatique :

- la liberté d'exécuter le logiciel, pour n'importe quel usage ;
- la liberté d'étudier le fonctionnement d'un programme et de l'adapter à ses besoins, ce qui passe par l'accès aux codes sources ;
- la liberté de redistribuer des copies ;
- la liberté de faire bénéficier à la communauté des versions modifiées.

Pour la première liberté, cela exclut donc toute limitation d'utilisation d'un programme par rapport à l'architecture (notamment le processeur et le système d'exploitation) ou à l'utilisation qui va en être faite.

La quatrième liberté passe par un choix : la deuxième autorisant de modifier un programme, il n'est pas tenu de publier une version modifiée tant qu'elle est à usage personnel ; en revanche, en cas de distribution d'une version modifiée, la quatrième liberté oblige que les modifications soient retournées à la communauté sous la même licence[1] ».

EN PRATIQUE

Tous les logiciels libres pouvant être mis à votre disposition se trouvent sur les sites suivants : www.framasoft.net et www.winlibre.com

Ceux mis en service par la communauté des utilisateurs ubuntu sont sur http://ubuntu-fr.org.

N'oubliez pas de payer votre obole, si minime soit-elle, pour que les développements se poursuivent !

Il existe également une série de logiciels très intéressants, mais payants, sur Google Entreprise.

Établissez votre modèle économique

Le terme « modèle économique » ou « *business model* » n'a pas de définition officielle, mais repose sur l'établissement d'une modélisation de l'activité de son entreprise. Il ne faut pas le confondre avec le « *business plan* », qui correspond au plan prévisionnel financier du développement d'une affaire.

Le modèle économique doit schématiser la façon dont vous allez structurer votre offre pour créer une chaîne de valeur afin de développer une stratégie concurrentielle sur le segment de marché que vous ciblez. Il s'agit dès lors de répondre aux quinze questions suivantes :

- Quelle solution apportez-vous par rapport à un besoin ou un problème à résoudre ?

____

1. Pour en savoir plus : http://www.gnu.org/licenses/license-list.fr.html.

* Quelle est la cible de votre marché potentiel ; est-ce une niche ?
* Quelle est la meilleure manière d'atteindre vos clients potentiels ?
* Comment allez-vous produire votre service ?
* Comment allez-vous le distribuer ?
* Comment allez-vous gagner de l'argent ?
* Quels seront vos coûts de production et de distribution ?
* Qui sont vos concurrents ?
* Quelles seront les différences par rapport à vos concurrents ?
* Quelle sera la taille de votre marché et pourra-t-il se développer ?
* Quelles sont les ressources indispensables pour démarrer ?
* Quelles sont vos failles concrètes ou vos incompétences intellectuelles ?
* Sur quoi et sur qui pouvez-vous vous appuyer pour les combler ?
* Quelles sont les contraintes de vos processus de production et de votre distribution ?
* Quels sont les aléas possibles pouvant perturber votre affaire ?

Si vous pouvez répondre précisément à ces questions, vous êtes en mesure de démarrer.

Phase de démarrage

Ne restez pas seul

La première faute serait de rester seul pour lancer son activité. En effet, les relations humaines sont au cœur de toutes les activités de travail, même si vous ne souhaitez pas entrer dans une entreprise pour y travailler comme salarié. Gagner de l'argent provient d'un échange et dans la quasi-totalité des cas, celui-ci est en premier lieu relationnel, même si vous travaillez derrière un écran et à distance.

Si vous êtes seul, vous ne pourrez pas évaluer votre projet, ni prioriser vos actes sur le moyen terme, dans la mesure où vous n'aurez pas de référence extérieure sur laquelle vous évaluer. L'être humain est un animal social, affectif, émotionnel et raisonnable qui ne peut vivre qu'en groupe en s'étalonnant en permanence en fonction du milieu dans lequel il vit. De plus, notre monde devient de plus en plus complexe. Une seule personne ne peut plus tout connaître dans les différents domaines de l'entreprise (droit appliqué, comptabilité, gestion, informatique, TIC, marketing, commercial, etc.), sans compter les technologies, les connaissances, les méthodes et les pratiques vous permettant de développer votre propre téléactivité.

Le seul moyen de remédier à cette solitude est de rejoindre, au choix :

- une association de créateurs de téléactivité ou d'entreprise ;
- un télécentre ;
- un espace de *coworking* ;
- une coopérative d'activités ou de compétences.

L'objectif est de pouvoir échanger avec d'autres sur votre projet, d'être écouté et d'écouter les autres, enfin de trouver des solutions à vos difficultés éventuelles.

Utilisez les réseaux sociaux

Nous avons déjà souligné plus haut l'importance de la capacité à utiliser les réseaux sociaux. Nous vous conseillons de relire ce que nous avons déjà mentionné dans le chapitre précédent. Si vous souhaitez aller plus loin, il existe de très nombreux ouvrages sur ce sujet.

Obligez-vous à respecter des horaires

L'une des règles les plus importantes du télétravail est de se discipliner vis-à-vis du temps qui s'écoule, car celui-ci ne s'arrête jamais.

Le dicton populaire dit que « le temps, c'est de l'argent ». Dans les faits, le temps est beaucoup plus important que l'argent. Par conséquent, perdre son temps, c'est non seulement perdre de l'argent, mais aussi une partie de sa vie et de sa liberté. C'est également reculer par rapport aux tâches à accomplir. Or comme le temps ne se rattrape jamais, celui qui est écoulé est perdu à jamais. Vous avez donc tout intérêt à prendre le pouvoir sur la gestion de votre temps.

Aussi, pour améliorer votre efficacité personnelle, la solution la plus simple et la meilleure consiste à vous fixer des horaires de travail et à les programmer en planifiant les différentes tâches à effectuer pour atteindre votre but. Sans une telle gestion rigoureuse vous risquez fort de vous éparpiller et de perdre votre… temps.

Ne mélangez pas travail et vie de famille

Télétravailler toujours chez soi peut être mal vécu non seulement par les proches, mais aussi par l'indépendant lui-même. Afin de diminuer les difficultés rencontrées dans le travail, il faut s'octroyer une pièce bureau ou un espace de travail permettant d'être au calme, loin des vicissitudes de la vie de famille. À cet effet, des concepteurs mettent sur le marché des bureaux de type bungalow ou chalet prêt à l'emploi, à poser dans son jardin. D'autres architectes d'intérieur proposent des aménagements de combles ou de pièces clés en main.

Il semble cependant qu'au bout de quelque temps de téléactivité à domicile, certains aient besoin de temps à autre de s'en échapper pour travailler ailleurs et rencontrer d'autres personnes, ou pour recevoir des clients, organiser une réunion de travail, utiliser la visiophonie, ou bénéficier de débits Internet plus élevés.

On pourra aller dans un espace de *coworking* ou un télécentre de proximité. Ces nouveaux lieux de travail sont particulièrement appréciés, notamment par les indépendants dans les TIC, l'infographie et le multimédia en général.

Par nature, le télétravailleur indépendant est totalement libre de son temps de travail. Pourtant bien souvent, il ne compte plus ses heures de travail, d'autant plus qu'il s'inquiète si ses rentrées financières sont insuffisantes. Il doit en conséquence s'autodiscipliner en respectant la planification de ses heures de travail et effectuer une séparation réelle et totale entre la vie de famille et son travail.

Certains objecteront qu'ils ne peuvent refuser un appel téléphonique provenant d'un client potentiel même s'ils sont en famille. Pour remédier à cette situation, ayez un numéro de téléphone personnel et un autre de travail avec répondeur. Vous pourrez alors laisser un message indiquant que vous êtes en réunion et que vous rappellerez dès que vous serez disponible. Même en cas d'urgence, pouvoir laisser un message suffit à rassurer la quasi-totalité des appelants.

Chapitre 4

Les employeurs

Tirer du télétravail une démarche de progrès

La mise en place du télétravail au sein d'une organisation représente de nouvelles opportunités pour manager les hommes. Il s'agit dans les faits de faire muter l'organisation issue du siècle passé à celle qui correspond le mieux au temps présent. Le télétravail permet de créer une démarche collective de progrès au service du projet d'entreprise. Il en est de même dans les administrations.

Dans cette démarche, la direction et les cadres intermédiaires ont un rôle essentiel à jouer : permettre de travailler mieux en aidant les hommes à être plus efficaces, plus autonomes et plus responsables pour réaliser les objectifs communs.

Pour que s'établisse cette démarche de progrès, le télétravail n'est dans bien des cas pas une fin en soi, mais simplement un moyen d'atteindre de nouveaux objectifs au service de l'entreprise et du management des hommes. Si les objectifs de l'entreprise sont toujours de répondre aux besoins du marché en restant la plus compétitive possible, ceux qui doivent être atteints dans le management peuvent varier selon chaque entreprise. Par conséquent, de nombreux accords d'entreprise instaurent le télétravail en réponse à une demande exprimée lors des évaluations annuelles ou des enquêtes de satisfaction du personnel. D'autres accords sont issus des négociations portant sur la GPEC, montrant par là même que le télétravail permet de mieux gérer les ressources humaines.

Préconisations sur les ressources humaines

Penser autrement son organisation

Les études menées au sein d'entreprises appliquant déjà le télétravail montrent l'existence de freins au niveau du *middle management* ou encadrement intermédiaire. Or leur rôle est essentiel.

Contrairement aux idées émises au début des années 2000 selon lesquelles le télétravail annonçait la fin de l'encadrement intermédiaire, la réalité montre que ce n'est pas le cas. Jusqu'à la fin du XXe siècle, nombre de *middle managers* avaient pour responsabilité de « diriger » un groupe de subordonnés en les « commandant » et en les « contrôlant ». Pour ces managers, le plus simple était de les « surveiller » de visu, à l'instar du chronométrage des travaux à la chaîne comme le prévoyait l'OST (Organisation scientifique du travail).

Avec les TIC, ce mode de management n'a plus lieu d'être pour les services et en particulier pour les équipes qui utilisent l'informatique comme outil de travail. En effet, les fonctionnalités positionnées sur les logiciels métiers suivent les processus des tâches à réaliser. L'ancien type de management de la période industrielle ne correspond plus ni à la performance, ni aux objectifs à atteindre, ni aux comportements, ni à l'autonomie, ni aux compétences des collaborateurs. Il n'est plus besoin de les surveiller et de les contrôler en permanence, mais de manager par une maîtrise du processus global.

Le *middle manager* doit jouer un rôle centré sur l'amélioration des compétences et des processus pour atteindre le meilleur résultat possible. Il doit s'attaquer aux difficultés rencontrées, mettre en place les moyens permettant de minorer les problèmes et trouver les meilleures solutions possibles pour arriver aux résultats souhaités en tenant compte des contraintes de budget et de temps alloués.

L'accompagnement dans le déploiement du télétravail peut être organisé en interne par une cellule du département des ressources humaines, ou en faisant appel à un cabinet extérieur spécialisé dans le management du travail à distance. Quant à la preuve par l'exemple, elle peut s'effectuer par benchmarking en effectuant des visites ou des rencontres au sein d'entreprises pratiquant déjà le télétravail.

Si certaines personnes ont la chance de pouvoir télétravailler, car leurs tâches le permettent, il n'en est pas de même pour d'autres. De ce fait, certains responsables craignent que le télétravail introduise des conflits entre les collaborateurs. Le benchmarking effectué par l'AFTT (Association française du télétravail et des téléactivités) auprès des entreprises montre qu'après un temps très court d'adaptation au télétravail, ces conflits n'existent pas. Il suffit simplement que le travail soit introduit pas à pas par une phase d'expérimentation pendant laquelle l'appropriation se fera graduellement.

Faire confiance aux collaborateurs

La confiance réciproque entre le N + 1 et ses subordonnés, ainsi qu'entre collègues est la règle numéro un en entreprise. Si un N + 1 n'a pas confiance dans un collaborateur, il ne sera pas disposé à donner son accord pour qu'il télétravaille. Les études menées au sein des entreprises montrent que le télétravail se met en place plus facilement dans les services où les managers font confiance à leurs subordonnés, et où les relations entre les hommes sont primordiales.

Or le manque de considération et de liens entre les membres du personnel, avec son parallèle, l'absence d'empathie, est trop souvent le fait des entreprises françaises, en particulier les plus grandes, comme si la dimension émotionnelle devait être bannie des rapports humains au sein du personnel. Ce manque d'empathie se traduit par une absence de confiance, en particulier dans les lignes hiérarchiques.

Il faut par conséquent mettre en œuvre les moyens et les ressources permettant de développer l'intelligence relationnelle au sein des entreprises par des formations spécifiques permettant aux collaborateurs d'approfondir ce champ de compétences indispensables pour que des rapports humains s'établissent, entraînant d'autres valeurs riches de sens pour l'entreprise comme pour les collaborateurs.

Pratiquer un management en mode coopératif

Dans cette évolution de l'organisation, le manager doit devenir un véritable coach du changement pour son équipe. Au cours de la phase initiale de déploiement du télétravail, l'équipe doit expérimenter cette nouvelle manière de travailler dans une logique apprenante. Au cours de réunions de travail communes, il faut analyser les difficultés, voire les dysfonctionnements ; puis, à partir des constats effectués, apporter les solutions afin d'améliorer les pratiques et les outils dans une démarche de progrès. C'est au manager de rendre ces nouvelles pratiques en mode coopératif possibles.

La plupart d'entre eux devront suivre une formation complémentaire sur l'intelligence relationnelle et collective, c'est-à-dire les savoir-faire en termes d'écoute : écouter quoi ? comment ? pour quels problèmes et quelles réponses ? L'objectif est de leur fournir un savoir-faire relationnel fondé sur l'approche neurocognitive permettant de ne pas commettre d'erreurs dans les relations interpersonnelles, en particulier dans la communication verbale, la communication à distance, la rédaction des e-mails, les entretiens téléphoniques, l'usage de la visioconférence, etc.

Les managers doivent abandonner définitivement la logique du commandement et de l'ordre établi pour permettre le développement de l'autonomie dans le respect des compétences de chacun. Normalement le manager ne devrait plus être un chef au sens archaïque du terme, mais un facilitateur, un entraîneur, un coach. Il doit travailler à la synchronisation et à la complémentarité des rôles et des fonctions de chacun en permettant la coordination des tâches. Le rôle de contrôle s'établit désormais en utilisant les logiciels de gestion de projet ou de reporting, permettant à chacun de se positionner et de s'étalonner par rapport aux tâches des autres.

Travailler par processus, sur objectif et en mode projet

Dans ses dimensions managériales, le télétravail repose essentiellement sur la confiance réciproque au sein de la ligne hiérarchique et sur l'autonomie laissée aux collaborateurs pour exécuter leur travail. Ces dimensions comportementales sont au cœur du changement à opérer au préalable, ou au cours de la mise en œuvre. Ces principes fondamentaux montrent que le télétravail s'inscrit non seulement dans l'usage des technologies de l'information, mais aussi dans les dimensions humaines et relationnelles du management.

Dans les faits, le télétravail requiert un management sur objectif et en mode projet permettant de piloter les processus en action. Nous allons en rappeler ci-après les grands principes en y introduisant les dimensions humaines et managériales nécessaires au télétravail.

De la théorie des process...

Un objectif à atteindre sert à définir le processus de production (matériel ou informatif) permettant de le réaliser et de piloter le processus lui-même. Les objectifs doivent être mesurables et/ou qualifiables. À partir de cette notion de base, les objectifs ne seront réalisables que dans la mesure où le processus de production pourra être développé afin d'atteindre les objectifs fixés avec la meilleure fluidité possible. Or ce processus se déroule par étapes successives au cours desquelles s'effectuent des tâches et des actions.

Cependant ces dernières et le processus lui-même sont soumis à des dépendances de deux ordres. La première touche au processus lui-même. Il faut respecter les étapes dans leur ordre chronologique sous peine de court-circuiter le processus et de ne jamais atteindre les objectifs. La seconde provient des sous-processus annexes ou d'autres productions qui interfèrent comme ressources lors d'une étape du processus.

De plus, le processus et les sous-processus sont soumis à des contraintes, dont certaine ne peuvent en aucune manière être levées. Enfin, le processus lui-même peut être soumis à des aléas, des événements extérieurs qui le perturbent.

En passant par la théorie des contraintes...

En 1986, Eliyahu Goldratt, un physicien et philosophe israélien, consultant aux États-Unis, a proposé une approche revisitée de la logique des processus permettant d'atteindre les objectifs. Il a introduit la théorie des contraintes (TOC). Son livre *The Race*, traduit en français sous le titre *Le But, un processus de progrès permanent*[1], me semble être l'ouvrage exposant la réflexion la plus pertinente sur le management depuis les années 1970. Il permet de comprendre que tout processus,

---

1. Afnor, 2013, 4ᵉ éd.

quel qu'il soit, est limité par les contraintes et les « goulots d'étranglement », et que « *son résultat est toujours égal au maillon le plus faible* ».

EN PRATIQUE

Prenons un exemple très simple : si vous produisez peu, vous ne pourrez jamais vendre plus que ce que vous avez produit, même si vous avez une force de vente formidable et efficace. L'inverse est vrai. Si vous produisez beaucoup, il faut que la force commerciale et d'écoulement soit en correspondance, ainsi que la logistique pour assurer le transport. De ce fait, c'est le plus faible de ces maillons qui servira de référence pour établir les objectifs, à moins de débloquer les dépendances et les contraintes rencontrées.

La théorie des contraintes montre que le management de type classique doit être dépassé pour laisser place à un management portant sur la meilleure façon de débloquer les contraintes et les dépendances et/ou d'en tenir compte en ayant une vision globale et de bout en bout des processus en action.

Dès lors, le savoir-faire d'un manager consiste à mener son équipe et chaque collaborateur en tenant compte de leurs difficultés et des limites rencontrées afin de trouver les solutions pour corriger les et leurs contraintes, les et leurs difficultés, afin d'en amoindrir les effets, et/ou de trouver les solutions annexes permettant d'atteindre les objectifs fixés avec le plus de fluidité possible.

Eliyahu Goldratt conclut son approche de la TOC par une évidence : la contrainte d'un processus est également liée à la capacité cérébrale de penser le processus en son entier et d'agir sur lui. Autrement dit, la dernière contrainte et la limite d'un processus pour atteindre un objectif sont notre cerveau lui-même au travers des pensées, des ressentis et des actions.

Une approche cognitive

L'approche cognitive de la décision permet de développer harmonieusement les projets.

En 1995, le neuropsychiatre Antonio R. Damasio a montré dans *L'erreur de Descartes* (Odile Jacob) que les émotions sont totalement impliquées dans le processus de décision. Sans les émotions, l'homme ne peut ni choisir ni agir. Du point de vue du management, cette découverte fondamentale a du mal à être entendue dans les entreprises, en France tout particulièrement. La preuve nous est donnée par bien des comportements traduits dans l'inconscient, comme la peur d'agir ou de prendre des décisions. Si l'on prend l'exemple du retard de la France dans la mise en place du télétravail, est-ce du domaine de la raison ? ou de l'émotion par peur de « ne plus avoir ses collaborateurs sous la main » ou « qu'ils ne travaillent plus ? ». Les émotions sont en conséquence au centre de nos façons de manager et de travailler en commun.

Dès lors, en intégrant ces différents concepts, le management sur objectif va se développer en mode projet et permettre de :

- déterminer les objectifs à atteindre pour une entreprise ou chacune des équipes ;
- clarifier et modéliser les processus de production ;
- faire l'inventaire des ressources et moyens nécessaires pour réaliser ces objectifs ;
- prendre en compte les sous-processus et les dépendances émanant soit des autres services, soit des tiers ;
- prendre en compte les aléas pouvant se produire sur le processus de production ;
- explorer l'ensemble des contraintes rencontrées dans le fonctionnement du processus par les collaborateurs ;

- mesurer les « goulots d'étranglement » et les maillons les plus faibles de la chaîne de production limitant les objectifs à atteindre ;
- prendre en compte les émotions ressenties par les collaborateurs en activité de travail ;
- déployer des solutions pour les motiver, diminuer leurs émotions négatives, augmenter leurs émotions positives, diminuer le stress, faciliter les travaux à effectuer, etc. ;
- déployer des outils permettant de piloter le processus par une visualisation permanente du processus lui-même par le concours de tous les collaborateurs au projet ;
- valider les charges de travail en fonction des équipes et des hommes ;
- apporter des solutions complémentaires en cas de difficultés des hommes dans l'exercice de leur fonction ;
- apporter des solutions complémentaires au cas où tel ou tel aléa surviendrait ;
- corriger ou valider le processus et les étapes intermédiaires ;
- piloter et coordonner à distance les collaborateurs pour qu'eux-mêmes collaborent entre eux aux projets.

Former le personnel

Formation des managers ou des N + 1

Le télétravail modifie les habitudes des organisations dans la mesure où les champs spatiaux et temporels évoluent et s'étendent en dehors du lieu de travail. En conséquence, les systèmes de référence utilisés dans le management présentiel, issus de l'ère industrielle ou postindustrielle, devraient laisser la place au management par résultat ou sur objectif en mode projet, en y introduisant de l'intelligence relationnelle collective organisée. Or cette dernière est le plus souvent informelle, puisqu'elle se déroule « naturellement » de visu dans le cas du travail présentiel dans les mêmes locaux.

– Connaître le télétravail : l'objectif de cette formation est d'apporter aux managers une meilleure connaissance du télétravail en tant que nouvelle forme d'exécution du travail dans l'entreprise et de mesurer ses différents impacts.

Cette formation présente :

* les différentes formes du télétravail et le télétravail nomade ;

* la place du télétravail dans le monde, en Europe et en France ;

* les avantages du télétravail pour les salariés, l'entreprise et la collectivité en général ;

* les inconvénients du télétravail constatés chez les salariés et dans les organisations ;

* les aspects juridiques et assuranciels du télétravail (l'ANI du 19 juillet 2005, les nouveaux textes du Code du travail ; les obligations des parties : employeurs et salariés) ;

* survol des outils du travail à distance ;

* le rôle des managers dans la mise en place du télétravail au sein d'une organisation.

– Savoir manager des futurs télétravailleurs : il s'agit de permettre aux managers d'appréhender leur rôle dans la mise en place du télétravail au sein de leur entreprise et d'avoir un aperçu des modifications de leur management.

Cette formation aborde les points suivants :

* peut-on accorder le télétravail à tous les collaborateurs[1] ;

* que change le télétravail dans le management des personnes[2] ;

---

1. Quels sont les préalables à vérifier avec les personnes demandant à télétravailler ? Expérimenter le télétravail : une logique d'organisation apprenante.
2. Au niveau des processus directionnels, des comportements et de l'autonomie, du langage et des outils de communication à disposition.

* la place des émotions dans le management à distance[1] ;

* les principales difficultés rencontrées entre managers et collaborateurs en télétravail (comment y remédier ?) ;

* la mise en place de réunions de travail motivantes ;

* quelles sont les dispositions des avenants au contrat de travail ou de l'accord d'entreprise dans le cadre du droit du travail et des obligations de l'employeur ?

* quels sont les types de reporting devant servir de rapport de confiance et à quoi doit-il servir en terme de management ?

* comment gérer les conflits relatifs au travail à distance ?

* faire des entretiens intermédiaires

* les modifications du style de management à l'occasion du passage en télétravail ?

– Pour développer le télétravail, savoir manager sur objectif en mode projet : l'objectif de cette formation est de permettre aux managers d'appréhender et de s'approprier le management sur objectif en mode projet en lieu et place du management directif. Certaines entreprises n'ont pas attendu que le télétravail se mette en place pour effectuer cette modification devenue essentielle, en particulier pour manager les équipes en télétravail.

Cette formation présente :

* l'approche du management sur objectif[2] ;

* le processus de la performance et la théorie des contraintes ;

* la modélisation du processus sur objectif ;

---

1. Comment créer de l'intelligence relationnelle collective organisée ? Mes principales difficultés rencontrées par les télétravailleurs.
2. La notion d'objectif et celle de l'autonomie ; définir le plus parfaitement possible le rôle, les missions et les tâches des collaborateurs ; définir les objectifs à atteindre avec les sous-objectifs et résultats intermédiaires ; mesurer les objectifs et/ou définir les résultats ; la négociation des objectifs avec une équipe et avec chacun des collaborateurs en deux étapes ; les accords sur objectif et sur résultat.

- les différents concepts qui y participent ;

- les conséquences sur le management sur objectif[1] ;

- comment utiliser au mieux les outils du management à distance (travailler le reporting grâce aux outils collaboratifs) ;

- la communication et l'intelligence relationnelle et collective dans le mode projet[2].

Ces modèles de formation ne sont que des propositions à adapter à chaque entreprise en tenant compte de sa culture, des métiers, des styles de management, etc. En cas de recours à la visiophonie, il faudrait également prévoir une formation portant sur l'organisation efficace de ce type de réunion.

Formation des collaborateurs salariés

Outre les formations habituelles proposées à l'ensemble des salariés, il est recommandé de donner aux futurs télétravailleurs et à ceux qui le sont déjà une formation spécifique comme le précise l'article 10 de l'ANI du 19 juillet 2005 : « Les télétravailleurs reçoivent en outre une formation appropriée ciblée sur les équipements techniques à leur disposition et sur les caractéristiques de cette forme du travail. »

----

1. Établir le schéma de développement du processus de production ; analyser les ressources nécessaires à chaque étape ; évaluer la charge de travail ; évaluer les compétences ; analyser les dépendances et les contraintes des processus en action et celles des relations en interne des organisations ; établir des logigrammes des processus en fonction des objectifs attendus ; le management sur objectif des collaborateurs.

2. Qu'appelle-t-on le mode projet ? En quoi consiste le travail en équipe en travaillant à distance ? Quels sont les types d'entretiens intermédiaires indispensables ; la motivation et la décision des collaborateurs et des équipes ; l'apport des neurosciences et la place des émotions dans les mécanismes de décision et dans les motivations individuelles ; l'approche des comportements relationnels en éthologie humaine ? Comment permettre aux équipes et aux collaborateurs de travailler en commun en restant autonomes ? Comment aborder les conflits, les heurts pour les résoudre et en tirer profit ? Comment jouer le rôle de coach dans un travail en équipe, quels sont les outils et les réunions à mettre en place ? Comment créer une démarche de progrès en système autoapprenant.

Les formations portant sur les logiciels et leurs applications se font sur mesure. C'est pourquoi nous ne pouvons proposer que celles correspondant au télétravail

– Savoir télétravailler au domicile : cette formation vise à donner aux futurs télétravailleurs et à ceux qui le sont déjà des préconisations afin de ne pas commettre d'erreur en télétravaillant à domicile.

Cette formation aborde les points suivants :

* les recommandations pour la pièce de travail (mobilier et ergonomie ; règles électriques : la norme NF C15-100 ; rangements nécessaires ; positionner le bureau par rapport à l'éclairage) ;

* les règles de santé au travail appliquées au travail à domicile (le travail sur écran, les positions assises et les règles d'étirement) ;

* pour la sécurité de la pièce bureau (éviter les chutes – savoir ranger ; connaître les règles de sécurité avec l'électricité) ;

* les règles contre l'incendie, le vol, la perte de documents ;

* les dispositions vis-à-vis des accidents du travail ;

* comment éviter les erreurs que peut occasionner le télétravail au domicile ?

* vis-à-vis des siens en respectant la vie privée (dans le maintien du matériel de travail ; dans l'organisation de son travail ; dans le maintien de la vie collective de l'entreprise) ;

* par rapport aux difficultés rencontrées dans l'exécution de son travail (dans l'utilisation des outils de communication ; téléphone, e-mail, visioconférence, etc.) ;

* comment planifier et mesurer ses charges de travail ?

* savoir analyser les objectifs et les résultats attendus par le N +1 et les collègues ;

* savoir planifier en rétroplanning avec les inventaires des ressources et des besoins ainsi que les charges de travail ;

- améliorer les résultats grâce au reporting ;
- savoir faire les bons choix face aux situations rencontrées (par rapport au travail ; par rapport à la vie privée) ;
- redonner les règles de sécurité sur le plan informatique et TIC ;
- indiquer la procédure à suivre en cas de dysfonctionnement du matériel ;
- exposer les adaptations au règlement intérieur ;
- répondre à toutes les questions que se posent les télétravailleurs en tant que tels.

Si ce séminaire doit apporter les réponses aux salariés en télétravail, il faut l'adapter à chaque entreprise.

Préconisations sur la technique

Avoir un système d'information opérationnel

Les entreprises doivent posséder un système d'information (SI) utilisant les technologies Internet afin qu'il soit accessible par le réseau que l'on soit dans ou hors des locaux de l'employeur.

Dans la plupart des cas, ces outils logiciels sont portés par le ou les serveurs de l'entreprise en interne, chez un hébergeur extérieur sur un serveur mutualisé ou non, ou encore en *cloud computing*. Si la plupart des grandes entreprises possèdent un service informatique en interne, il n'en est pas de même pour les PME et les plus petites entreprises, sauf pour celles des télécoms ou de l'informatique.

Actuellement, le marché des logiciels s'oriente vers le SaaS, qui consiste en un abonnement en lieu et place d'un achat de licence ou de conception de logiciel qui serait porté sur un serveur interne. Avec le SaaS, les fonctionnalités proposées sont développées en technologie Web avec une maintenance assurée et permanente des fournisseurs. On parle également de PaaS (*Platform as a Service*) par lequel non seulement les logiciels, mais aussi les serveurs, leurs architectures et leur sécurité, sont sur abonnement. Dès lors, les PME peuvent bénéficier d'un service total et permanent leur permettant d'être dotées des bons outils sans avoir à immobiliser des sommes importantes en investissement informatique.

EN PRATIQUE

L'avantage du PaaS est immédiat : un déploiement quasi immédiat, des solutions pouvant s'opérer à la demande, une réduction considérable des coûts d'investissement, enfin un prix à l'année stable. Ce dernier peut malgré tout être conséquent si le nombre d'utilisateurs est important, puisque l'on paie fréquemment l'abonnement en fonction du nombre de postes. Ajoutons que le SaaS et le PaaS réduisent les consommations énergétiques grâce à la mutualisation des serveurs. Le premier service mondial actuel en SaaS est Google, mais tous les grands sont sur le chemin, comme Apple, IBM, Citrix, Windows, ainsi que de nombreuses entreprises à vocation régionale.

A contrario, une difficulté demeure : les données de l'entreprise sont transférées hors de ses murs avec certains risques liés à la confidentialité. Ceux-ci sont sans doute moindres que les risques pouvant être rencontrés par les entreprises dépourvues des compétences, des méthodes et des outils performants.

Protéger son SI contre la cybercriminalité

Le SaaS est un progrès important pour développer l'usage des TIC dans les PME, à condition que les utilisateurs puissent se connecter avec un Internet possédant un bon débit. Pour le télétravail, le système doit être complètement sécurisé et protégé.

Par conséquent, avant de signer avec un fournisseur de solutions SaaS et/ou PaaS, en serveur virtuel ou en *cloud compu-*

ting, l'employeur doit valider toute la partie concernant la sécurité et la continuité de fonctionnement. Cette dernière, encore appelée « résilience informatique », s'avère un élément important pour l'entreprise afin qu'elle continue de fonctionner même en cas de panne affectant le service informatique du fournisseur. Dans tous les cas, il faut mettre en place un plan de continuité de l'activité.

Lorsque le SI est dirigé par un service interne aux entreprises, il faut tenir compte de quatre niveaux de sécurité.

Le premier concerne le serveur avec au moins un pare-feu, un antivirus à jour, des sauvegardes automatisées et un système de détection des intrusions. Il doit s'adapter aux différentes menaces et ce sans compter tous les dispositifs relatifs à l'électricité, à la température, aux degrés d'humidité, à la prévention contre l'eau, le feu, le vol, le vandalisme, les attentats, les catastrophes naturelles, les intrusions physiques, informatiques, et par ondes, etc.

Le deuxième niveau de sécurité touche directement les postes informatiques des télétravailleurs. Dans la quasi-totalité des cas, il faut *a minima* un pare-feu, un antivirus à jour, et une ouverture des sessions sur le poste lui-même avec un mot de passe pour se connecter au serveur de l'entreprise. En outre, les informations de connexion « confidentielles » ne doivent pas pouvoir être gardées en mémoire dans les ordinateurs portables. En effet, si son utilisateur venait à le perdre ou se le faire voler, un tiers malveillant pourrait se connecter au serveur de l'entreprise pour en pirater les données.

Un troisième niveau concerne la confidentialité des transferts sur le Net, dans la mesure où celui-ci est accessible. Pour se connecter au serveur de l'entreprise on utilisera une reconnaissance individualisée par login et par mot de passe, ou par une clé USB biométrique. Pour le login et le mot de passe, il faut s'appuyer sur une reconnaissance alphanumérique suffisamment solide. Par ailleurs, les échanges de données sur Internet devront être obligatoirement chiffrés. Enfin, il faut programmer une déconnexion automatique si le télétravailleur ne communique pas avec le serveur pendant un certain temps, par exemple au bout de dix minutes.

Le quatrième et dernier niveau touche directement les personnes et les usages. C'est l'un des maillons les plus faibles. Dans la quasi-totalité des cas, l'ordinateur de travail n'est pas fait pour jouer ou télécharger des musiques ou des vidéos. De plus, il ne devrait en aucune façon être mis à la portée des enfants ou confié à un autre membre de la famille ou à un ami. C'est un outil de travail à part entière. Enfin, il faut que les utilisateurs soient formés non seulement à l'utilisation des logiciels métiers, mais aussi à la maintenance de premier niveau et à sa surveillance.

EN PRATIQUE

L'employeur devrait faire appel à des entreprises ou des consultants experts pour valider ses sécurités informatiques et suivre les travaux et modélisations du CLUSIF (Club de la sécurité de l'information français)[1], qui regroupe les entreprises et les grandes administrations. Cette entité a mis en place une méthode d'analyse permettant de mettre au point et de valider l'ensemble des procédures informatiques.

Équiper les télétravailleurs comme il convient

Comme pour tout contrat de travail, l'employeur est tenu de fournir aux salariés les outils nécessaires pour effectuer leurs tâches afin qu'ils puissent remplir leur mission. De ce fait et *a minima*, l'employeur est tenu de fournir l'ordinateur portable ou le terminal numérique adéquat, le téléphone portable ou

---

1. www.clusif.fr

le smartphone, avec les abonnements et les équipements des fournisseurs correspondants Internet, 3G ou 4G.

Enfin, si l'on travaille chez soi, il faut au minimum un bureau et une chaise « ergonomique », et bien souvent une imprimante multifonction. L'équipement d'un télétravailleur coûte entre 1 500 et 2 000 euros, autrement dit presque rien au regard de la valeur ajoutée que la personne peut produire, le retour sur investissement se faisant en moins de trois mois.

Nous verrons plus loin dans cet ouvrage que l'employeur devrait également concourir financièrement à certains frais indispensables pour pouvoir télétravailler, ne serait-ce que payer l'électricité.

Mettre en place une assistance technique

Nous verrons dans la troisième et dernière partie de cet ouvrage que l'employeur est tenu de mettre en place une assistance technique pour ses collaborateurs exerçant en télétravail. Lorsqu'il existe un service interne informatique, cela ne pose pas de problème, puisque c'est ce dernier qui en est chargé. En revanche, il peut en être autrement pour les PME dans la mesure où, dans la plupart des cas, les prestations informatiques sont assurées par un fournisseur extérieur. C'est avec ce dernier qu'il faudra mettre en place un contrat de maintenance avec une *hotline*. De nombreux logiciels permettent de prendre en main à distance les postes informatiques. Dans la quasi-totalité des cas, c'est avec ce procédé que la maintenance s'effectue.

En outre, l'employeur devrait permettre à tous ses collaborateurs, qu'ils soient télétravailleurs ou non, de suivre une formation de base portant sur le premier diagnostic à effectuer en cas de dysfonctionnement. Ce savoir leur permettrait d'avoir un langage commun avec les informaticiens et de savoir résoudre les incidents mineurs, qui sont beaucoup plus fréquents que les problèmes plus graves.

Préconisations sur la mise en œuvre

Comment déployer le télétravail au sein d'une organisation ?

Les entreprises et administrations reculant devant l'idée de déployer le télétravail au sein de leur organisation pour l'ensemble de leur personnel peuvent opter pour une phase d'expérimentation limitée aux quelques collaborateurs qui le demandent. Ces entités s'interrogent en général sur la faisabilité du télétravail et ses modalités d'application, et ce sans *a priori* au démarrage – ce qui reste fréquent. C'est grâce à cette expérimentation limitée qu'elles pourront réellement connaître les conséquences du télétravail pour leurs structures et leurs collaborateurs.

Voici le processus à suivre.

– Étape 1 : Valider les tâches des collaborateurs volontaires pouvant être exercées en dehors des locaux de l'employeur et vérifier que le système informatique permet de travailler à distance, en dehors des locaux de l'employeur. En particulier, on veillera à ce que ces collaborateurs volontaires soient compétents et autonomes pour réaliser ces tâches. De plus, il faudra vérifier l'existence de sécurités informatiques.

– Étape 2 : Valider avec le N +1 le mode de télétravail concernant le ou les volontaires. Dans un premier temps, la fréquence du télétravail sera d'un ou deux jours par semaine.

– Étape 3 : Regrouper les tâches à effectuer en dehors des locaux de l'employeur si nécessaire.

– Étape 4 : Avertir les instances représentatives du personnel (IRP) de la modification d'exécution du travail par les personnes volontaires en l'absence d'accord d'entreprise. En revanche, les dispositions relatives à l'ANI du 19 juillet 2005 doivent être respectées, ainsi que le Code du travail. La période d'expérimentation (six mois, neuf mois ou un an) devra être précisée. À l'issue de cette période, la direction envisagera ou non de poursuivre le télétravail dans l'entreprise.

– Étape 5 : Valider si nécessaire avec les futurs télétravailleurs qu'ils peuvent télétravailler chez eux (pièce bureau fermant ou non à clé, électricité conforme à la norme NF C15-100, etc.).

– Étape 6 : Faire valider si nécessaire par un organisme agréé si cette norme NF C15-100 est bien de mise dans la pièce bureau servant de lieu de travail au domicile du télétravailleur. Rappelons que le télétravail peut s'exercer n'importe où et que cette validation n'a pas lieu d'être dès lors que le télétravail se généralise en « *workshifting* ».

– Étape 7 : Demander à l'assureur de l'entreprise d'étendre la responsabilité civile professionnelle aux télétravailleurs dans l'exercice de leurs fonctions en dehors des locaux de l'employeur.

– Étape 8 : Équiper et former les télétravailleurs volontaires à l'utilisation du matériel nécessaire et des nouveaux logiciels s'il y a lieu, aux règles appliquées, aux consignes de sécurité, aux recommandations en cas de télétravail au domicile et lors des déplacements, et donner aux managers N + 1 les recommandations essentielles. À ce niveau, une formation complémentaire pourrait être donnée afin que les volontaires se familiarisent avec le télétravail et les points de vigilance à connaître et à surveiller.

– Étape 9 : En cas de télétravail au domicile, demander l'attestation d'assurance multirisque habitation.

– Étape 10 : Établir et faire signer un avenant au contrat de travail suivant les dispositions de l'ANI du 19 juillet 2005 et du Code du travail.

– Étape 11 : Faire un suivi avec les volontaires et leurs N +1 de la pratique du télétravail.

– Étape 12 : Suivant les résultats de l'expérimentation, étendre ou interrompre le télétravail.

Lancer une phase d'expérimentation

La quasi-totalité des projets portant sur le télétravail au sein des organisations doit être déployé graduellement. Au départ, seul un nombre limité de salariés est concerné. Cette phase expérimentale vise à appréhender les différentes facettes du télétravail et de son management afin que l'entreprise s'approprie de nouveaux savoir-faire au travers d'une phase pilote.

EN PRATIQUE

Prenons l'exemple de la société STMicroelectronics-STEricsson, dont un nombre significatif de salariés souhaitait pouvoir télétravailler en alternance, particulièrement les cadres attachés au site de Grenoble. Au cours du premier semestre 2012, comme dans beaucoup d'entreprises, la direction générale était encore peu encline à voir ce nouveau type d'organisation se mettre en place. Les syndicats ont donc proposé de lancer une phase expérimentale afin de valider le bien-fondé de leur proposition. Les cadres concernés, eux, se demandaient comment apporter les bonnes réponses à leur direction générale pour que cette expérimentation soit accordée. Dans un premier temps, la CFE-CGC a organisé quatre groupes de travail pour préparer les négociations avec la direction générale afin de démarrer la phase expérimentale.

Pendant cette période, l'entreprise va recueillir les points positifs et négatifs portant sur les modifications engendrées par la mise en œuvre du télétravail et apporter les corrections nécessaires en cas de besoin. Ces points de synthèse se feront lors de réunions organisées tous les deux ou trois mois au minimum. Au cours de ces réunions, il faudra également donner les formations complémentaires permettant de répondre aux difficultés rencontrées.

Voici le résultat de leurs travaux détaillant les observations préalables mentionnées.

1. *Les quatre phases de l'expérimentation chez STM-STE*

Nous proposons les quatre phases décrites ci-dessous.

– Phase 1 : Initialisation :

Création d'un comité de pilotage national de l'expérimentation de télétravail regroupant DRH, OS (organisation syndicale), CHSCT, etc., et des membres des sites participant à l'expérimentation.

Ce groupe aura pour mission de définir :

- <u>Les principes et le cadre de l'expérimentation</u> :
    - ✓ définition des critères d'acceptation des candidatures et de la méthodologie ;
    - ✓ rédaction d'une charte et des avenants aux contrats de travail définissant ainsi le cadre légal de l'expérimentation ;
    - ✓ rédaction des divers documents nécessaires à l'expérimentation et proposition des formations nécessaires avec l'appui des groupes de travail locaux ;
    - ✓ aide à la création des groupes de pilotages locaux qui géreront l'expérimentation sur les sites.
- <u>Création d'un groupe de pilotage sur chaque site</u> (géographique) participant à l'expérimentation sur le télétravail regroupant des managers, la DRH, CHSCT, les OS, etc., qui :
    - ✓ définit les applications locales des principes définies en national ;
    - ✓ gère la communication auprès des salariés et des managers.

– Phase 2 : Mise en place du projet :

* appel à candidature des télétravailleurs ;
* sélection des candidats volontaires par le groupe de pilotage local en tenant compte de la diversité nécessaire à l'expérimentation et des critères définis nationalement ;
* rédaction des documents type sécurité, contacts, etc.

– Phase 3 : Pendant l'expérimentation

* suivi trimestriel des points positifs et négatifs et actions si nécessaires ;
* analyse des retours salariés et managers en local ;
* synthèse semestrielle en national.

– Phase 4 : Conclusion

* élargissement de l'expérimentation à d'autres sites ou métiers ;
* rédaction d'une proposition d'accord pour STM-STE.

2. Quelques postulats de base

Avant d'affiner les réflexions sur le contenu de l'expérimentation, il apparaît nécessaire de définir quelques paramètres qui éviteront une dispersion des propositions des groupes de travail : le nombre de volontaires – quelques dizaines de volontaires sur chaque site représentant les différents métiers de STM-STE – et les différentes motivations pour faire du télétravail (raisons personnelles, professionnelles, environnementales, etc.). Avoir trop de candidats à la fois dans l'expérimentation empêcherait un suivi efficace.

Cela n'empêche pas d'avoir des groupes de candidats en vagues successives.

Le nombre de jours en télétravail : au maximum un ou deux jours entiers par semaine de manière régulière pour éviter un isolement trop important du télétravailleur vis-à-vis de l'entreprise.

La durée de l'expérimentation : avec une durée d'expérimentation d'au moins six mois reconductibles ou douze mois. Une durée trop faible ne permettrait pas d'avoir un retour fiable des avantages et des inconvénients.

Rapport sur la mise en place du télétravail au sein de l'UES STM-STE.

3. À quoi s'engagent les personnes se lançant dans l'expérimentation ?

Avant toute description des engagements de chacun, il convient de rappeler que le télétravailleur est avant tout un salarié comme les autres. Il est intéressant dans ce chapitre non seulement d'aborder les engagements du télétravailleur, de son manager, de l'entreprise, mais aussi de voir l'impact sur les collègues de son équipe.

Le télétravailleur s'engage à :

- être un « cobaye » pendant l'expérimentation, il devra faire remonter de manière exhaustive et sincère ses besoins, ses manques, ses difficultés, ses impressions négatives ou positives, et suggestions ;
- faire un retour vis-à-vis de sa vie privée sans intrusion (réaction de l'entourage, organisation matérielle et le matériel), notion de partage d'expérience ;
- signaler des changements majeurs extérieurs au télétravail (par exemple, déménagement loin) dans le but de pouvoir faire la part des choses entre conséquences du télétravail et changement ;
- aller jusqu'au bout de la période prévue ; le télétravailleur ayant été sélectionné pour cette expérimentation doit être conscient de son engagement ; il a pu prendre la place de

quelqu'un d'autre ; néanmoins, il est prévu dans l'avenant de pouvoir suspendre pour raisons justifiées ;

* prévoir que l'expérimentation soit stoppée sur demande justifiée du manager ou du service ;
* pointer ses horaires dans les premières semaines pour prendre conscience de son organisation personnelle ;
* respecter le matériel mis à sa disposition par l'entreprise et à respecter les contraintes de sécurité informatique.

Le manager s'engage à :

* faire des retours réguliers sur l'expérimentation ;
* maintenir identique la charge de travail du télétravailleur ;
* aller jusqu'au bout de la période prévue, sauf raisons justifiées.

Les collègues du télétravailleur sur volontariat s'engagent à :

* participer à une enquête après l'expérimentation ;
* faire remonter au manager les éventuelles interactions voire problèmes liés au fait d'avoir un télétravailleur dans l'équipe.

– Concept d'une charte encadrant le télétravail – engagement du manager et du télétravailleur :

Pour permettre au télétravailleur et à son manager de prendre conscience de ce que l'engagement dans une expérimentation implique, le concept d'une charte est intéressant. En particulier, il sera rappelé que le télétravail s'inscrit dans une relation managériale basée sur la confiance mutuelle, une capacité du télétravailleur à exercer ses fonctions de façon autonome, mais aussi sur le contrôle des résultats par rapport aux objectifs à atteindre.

Il convient dans cette charte de :

- prévoir la flexibilité : pouvoir venir à STM pour les réunions importantes et exceptionnelles, même le jour en télétravail ;
- définir un délai de prévenance à respecter pour toute modification des jours en télétravail, quarante-huit heures minimum ou une semaine de préférence ; autrement au cas par cas sur accord réciproque manager-télétravailleur ;
- définir l'engagement de chacun sur des règles communes de fonctionnement : horaires, jours, moyens de communication, etc.

– Suivi pendant l'expérimentation :

Il est apparu important au groupe de travail d'avoir un suivi régulier pendant l'expérimentation :

- en cas de problème, le télétravailleur fera remonter immédiatement ses difficultés ;
- définir qui est le contact avec un numéro de téléphone et une adresse mail générique ;
- sans problème particulier (hypothèse : expérience de six mois ou plus) : premier point au bout d'un mois à partir d'un formulaire (défini par les groupes de travail), puis tous les trimestres.

– Calendrier du suivi :

T0 : entrée d'un candidat dans l'expérimentation.

T0 + 1 mois : premier retour du télétravailleur et de son manager.

T0 + ($n \times$) 3 mois : retours trimestriels du télétravailleur et de son manager.

T0 + 6 ou 12 mois : bilan de fin d'expérimentation du télétravailleur, de son manager et de ses collègues.

— Document de suivi d'expérimentation :

Infos générales sur les conditions : nombre de jours, temps de travail, profil et métier, infos personnelles si pertinentes et sur volontariat.

Retour du télétravailleur sur :

* organisation matérielle à la maison ;
* moyens de communication (informatique, téléphone, base de données, etc.) ;
* évaluation des équipes de support (informatique, médical, etc.) ;
* évaluation sur le temps et la qualité du travail ;
* impact sur l'organisation du travail (travail lui-même, niveau d'autonomie, méthodes, etc.) ;
* impact sur les relations avec le manager et les collègues ;
* impact sur les relations avec les clients internes ou externes ou autres partenaires ;
* évaluation sur les relations sociales dans l'entreprise (vie de l'entreprise, CE, syndicats, etc.) ;
* impact sur la vie privée et la qualité de vie ;
* impression générale et suggestions.

Retour du manager sur :

* impact sur l'organisation du travail (travail lui-même, niveau d'autonomie, méthodes, etc.) ;
* impact sur les relations avec le télétravailleur et les collègues ;
* impact sur les relations avec les clients internes ou externes ou autres partenaires ;
* impression générale et suggestions ;
* impression sur la quantité et la qualité du travail.

4. Quels sont les moyens, matériels et supports nécessaires pour pratiquer le télétravail ?

Dans ce chapitre, le groupe a pris en compte le fait que nous sommes dans le cas d'une expérimentation et que les personnes qui se portent candidates ont déjà une connexion ADSL haut débit chez elles pour pouvoir pratiquer le télétravail.

Le groupe a ensuite distingué :

* les moyens matériels que l'entreprise et le télétravailleur doivent mettre à disposition pour pratiquer le télétravail ;

* le besoin de support ;

* les procédures à mettre en place ;

* les formations nécessaires.

4.1. Liste des moyens matériels que l'entreprise doit mettre à la disposition du télétravailleur

– Informatique :

* PC portable société (disque dur crypté) dédié au télétravailleur et pas au service ; celui qui n'a pas aujourd'hui de PC portable devra basculer sur un PC portable ;

* *Active card* ;

* casque téléphonique en cas de besoin ;

* pas de 3G spécialement ;

* écran + clavier + (dock station ?) ;

* imprimante pas nécessaire si seulement un à deux jours de télétravail ; comment changer les habitudes dans la formation du télétravailleur et du manager ?

* être administrateur du PC pour pouvoir ajouter éventuellement des drivers imprimantes ou scanner personnels ;

* les sauvegardes à distance sont possibles ;

* étude et mise en place de la possibilité de faire du « terminal service », c'est-à-dire que la machine sécurisée est une clé

USB avec une machine virtuelle connectée au PC ; pour ceux qui n'ont pas de PC STM ; indispensable pour les personnes ayant de gros besoins informatiques type *software development* ;

* lien entre infos (application Intranet) et Outlook (présence, congés, télétravail, etc.).

– Téléphone :

Pouvoir faire un renvoi d'appel sur le téléphone personnel et le désactiver à distance : attention le numéro d'appel qui apparaît est le numéro personnel et non le poste STM.

Prendre le contrôle du téléphone pro permet de téléphoner à l'étranger.

Faiblesse possible :

* monopolise en partie le téléphone personnel ; solution possible : deuxième ligne dédiée pour les motifs professionnels ;
* passer par le téléphone STM pour communication avec l'étranger, la communication est coupée automatiquement au bout de quarante-cinq minutes. Possibilité de dérogation ? *idem* avec le fournisseur ADSL au bout d'une heure trente.

Trouver un moyen pour que le téléphone personnel main libre ait une batterie suffisante. Casque impossible avec un kit main libre ou connexion spéciale ?

Étude de la téléphonie IP (téléphone du bureau redirigé sur le PC portable) ; c'est transparent et gratuit.

4.2. Liste des moyens matériels que le télétravailleur met à disposition pour pouvoir travailler de chez lui

– Informatique :

* ligne ADSL + téléphone ;
* éventuellement et sur volontariat du télétravailleur : imprimante et scanner personnel.

– Lieu de travail :

- pièce dédiée au télétravail le jour de télétravail ;
- bureau + chaise + « armoire fermée si document nécessaire » ou « câble antivol » + formation à la sécurité des données ;
- conforme aux règles de sécurité (assurance, etc.).

4.3. Support logistique

– Quels sont les supports déjà existants dans l'entreprise qui seront utilisés ?

- numéro de téléphone disponible de l'extérieur (à vérifier) ;
- support UNIX accessible de l'extérieur ;
- matériel de rechange ou de dépannage (déjà existant ?)

– Quels sont les nouveaux moyens à mettre à disposition du télétravailleur ?

- moyen de synchronisation à distance de l'*Active card* ;
- assistance dédiée aux télétravailleurs (support PC, etc.).

4.4. Procédures

– Procédure et numéros de téléphone d'assistance en cas d'accident du travail à domicile – démarches à faire.

– Procédure de travailleur isolé à adapter (par téléphone ou PC) voir ce qui est fait dans les autres entreprises.

– Procédure à mettre en place en cas de panne de connexion ou autre impossibilité de faire du télétravail : avertir le management, pouvoir revenir travailler en cas de besoin ou jour de congé.

4.5. Formations à prévoir

Ces formations pourront être de type *e-learning*, présentielles, et donner accès à un fascicule papier ou en ligne.

– Pour le télétravailleur :

- procédures et annuaire des contacts utiles : connexion réseau ST, annuaire STM par l'extérieur, intercall par extérieur, supports, etc. ;
- formation diagnostic des pannes les plus fréquentes (connexion, etc.) ;
- formation basique de dépannage et de diagnostic pour la partie connexion à distance ;
- formation aux outils de communication à distance (Tina VPN, *livemeeting*, *communicator*, etc.) ;
- méthodes d'organisation du travail en dehors du site ;
- formation « santé, ergonomie et environnement » : bouger régulièrement, décontraction ;
- formation sauvegarde et confidentialité des données.

– Pour le manager :

- formation : management efficace des « conf call » ;
- formation : organisation du travail, répartition des tâches, organisation des réunions ;
- le manager peut-il être aussi en télétravail ?
- même formation que le télétravail pour bien comprendre les problématiques.

– Pour les collègues :

- présentation générale du télétravail avec les contraintes, horaires à respecter ;
- formation : organisation du travail ;
- formation aux outils de communication à distance (Tina VPN, *livemeeting*, *communicator*, etc.).

5. Quelles sont les relations spécifiques entre un télétravailleur et son manager ou comment manager un télétravailleur ?

Dans ce chapitre, le groupe de travail s'est attaché à définir les relations que devront avoir le télétravailleur et son manager pour que le travail se fasse dans de bonnes conditions. Il a mis l'accent sur la confiance, la souplesse, la flexibilité et surtout la communication.

– Côté télétravailleur :

* une bonne compréhension des objectifs à moyen terme (pas à court terme) et une bonne évaluation de la charge de travail. Objectif compatible avec le télétravail ;

* confiance mutuelle ;

* transparence par rapport aux difficultés rencontrées ou charge de travail non suffisante ;

* l'organisation des réunions en tenant compte des personnes en télétravail ;

* souplesse ou flexibilité en cas d'urgence ; il ne faut pas que les collègues soient obligés de compenser l'absence d'un télétravailleur ;

* disponible mais pas corvéable à merci ;

* doit respecter certaines heures de contact ;

* si « conf' call » avec étranger en heures décalées : mais attention doit rester sous la forme de volontariat (régulier ou non) ;

* bonne communication : (téléphone, e-mail, *communicator*, etc.) ; régulière : avec les collègues ou autres équipes (comme *bi-weekly*) ; formelle et structurée ;

* souplesse vis-à-vis des collègues, organisation en cas de congés ou maladie de collègues non télétravailleurs.

– Côté manager :

* une bonne définition des objectifs à moyen terme (pas à court terme) et une bonne évaluation de la charge de travail ; objectif compatible avec le télétravail ;

* adaptation de l'organisation de l'équipe ;

* confiance vis-à-vis des heures de travail ;

* ne doit pas être considéré comme un privilège donné à un collaborateur ou comme un refus, comme une critique implicite ; trouver une solution pour que l'équipe accepte le télétravail d'un des membres de l'équipe ;

* besoin de communication plus formelle avec le télétravailleur : meilleur respect du télétravailleur ;

* avoir la possibilité d'intervenir sur l'organisation du télétravailleur (avoir la notion de préavis) ;

* bénéfice attendu : meilleure entente avec le collaborateur, car il a des conditions de travail plus favorables qui permettent d'avoir un travail plus efficace ;

* que le manager ayant des projets urgents veille à ce que le télétravailleur ne soit pas isolé ou considéré comme un privilégié hors des urgences des autres membres de l'équipe.

Suivent un certain nombre de recommandations sur le télétravail mais qui apparaissent comme des interrogations et qui trouveront naturellement leurs réponses dès lors que le télétravail sera expérimenté au sein de l'entreprise.

En conclusion, la phase d'expérimentation doit avoir pour objectif de donner à l'entreprise (direction générale, *middle management* et collaborateurs) les moyens d'appréhender le télétravail dans ses différents aspects organisationnels afin de :

* s'adapter aux changements ;

* apporter les réponses aux problèmes rencontrés ;

* évaluer sa faisabilité ;

- permettre aux collaborateurs de se former ;
- améliorer les outils logiciels de travail ;
- renforcer les relations humaines dans les adaptations nécessaires ;
- et faire du télétravail une force au service du savoir-faire de l'entreprise, de sa compétitivité et du management des hommes.

Nous tenons ici à remercier la CFE-CGC de la STM-STE de nous avoir permis de présenter leurs travaux.

Mettre en place un comité de pilotage si nécessaire

Dans la plupart des grandes entreprises, les personnes faisant partie du comité de pilotage sont les suivantes.

Un responsable télétravail

Ce cadre appartenant à la DRH, responsable du projet de mise en place du télétravail, aura un rôle fortement lié à la psychologie du travail lui permettant d'appréhender l'ensemble des problèmes liés au télétravail, aussi bien pour les cadres que pour les télétravailleurs. Une bonne connaissance du droit du travail est également nécessaire, ainsi qu'une bonne approche des usages liés à l'informatique. Enfin, il sera souvent un spécialiste de l'organisation du travail et des méthodes.

Deux ou trois responsables de services

Ces derniers devraient appartenir aux premiers départements pilotes de l'entreprise qui auront en charge l'expérimentation dans leurs services. Ils représenteront les autres départements et services concernés.

Un membre de la DSI

Il représentera la DSI au sein de la commission et pourra rendre compte ou intervenir pour apporter les solutions et la compréhension nécessaire des impératifs informatiques : logiciels métiers, maintenance, sécurité, etc.

Deux membres des IRP, dont un membre du CHSCT

Comme la mise en œuvre du télétravail modifie l'organisation de l'entreprise, il est recommandé dès la constitution de la commission d'y intégrer des membres élus du personnel dans la mesure où les modalités juridiques conformes à l'ANI du 19 juillet 2005 et au Code du travail seront étudiées.

Le médecin du travail

Il donne les bonnes préconisations et veille à leur respect aussi bien concernant les dispositions prises en accompagnement de la nouvelle organisation que la mise en conformité des normes ergonomiques au domicile du télétravailleur.

Un responsable de la communication interne

Dans les plus grandes entreprises, on pourra faire appel à un responsable de la communication afin de réaliser les documents relatifs au télétravail et à sa mise en œuvre qui seront présentés sur l'Intranet ou dans les documents préparatoires aux réunions de travail, etc.

Un chef de projet formation

Il aura pour mission de déployer les formations auprès des futurs télétravailleurs, de leurs N + 1 et de leurs collègues, en faisant appel ou non à des formateurs ou organismes extérieurs.

Dans les PME, l'éventuel comité de pilotage comprendra principalement le responsable des RH et celui de l'informatique, accompagnés d'un cadre dont le service est en expérimentation, ainsi qu'une IRP s'il y en a une. Ils pourront se faire accompagner s'ils le souhaitent par un consultant spécialisé.

Savoir proposer le télétravail

Pour mettre en œuvre le télétravail en tant que projet d'entreprise ou en réponse à une demande des salariés, il ne faut pas hésiter à pratiquer une communication à la hauteur du projet. Dans la quasi-totalité des cas, la communication démarre par une note interne exposant que la direction, certains services et les IRP étudient la faisabilité du télétravail.

Dans l'éventuel Intranet, le télétravail trouve une place particulière avec un certain nombre de pages explicatives, ainsi que les textes juridiques dédiés. Au fur et à mesure, les étapes de mise en œuvre y sont exposées pendant la durée des travaux concernant les négociations portant sur l'accord d'entreprise.

EN PRATIQUE

Pour clôturer la mise en œuvre, nous conseillons vivement d'organiser une réunion ouverte à tous. Son objet ? Présenter le télétravail aux collaborateurs présents. On peut faire appel à des personnalités extérieures et en particulier à un ou des responsables d'autres entreprises ayant déjà mis en place le télétravail. Après leurs exposés, des commissions peuvent siéger afin de lister les questions à poser. Un « échange-débat » clôture cette réunion de lancement.

Savoir dire « non » et « oui » aux collaborateurs

Si le télétravail doit s'organiser autour du travail coopératif, collaboratif, et par un management sur objectif et par projet, il doit dans la première phase de mise en place être directif sur au moins trois points :

– Le télétravail peut être refusé aux personnes non autonomes même si elles en font la demande. Ce sera au manager de faire en sorte qu'elles gagnent rapidement en autonomie.

– Le télétravail doit être encadré par rapport à des références établies et comprises par tous, sous peine de créer des incompréhensions, des dissensions et une perte de confiance.

– Le télétravail doit concerner un nombre limité de personnes pendant sa phase de lancement, sous peine de voir l'organisation dépassée par les événements ; en conséquence de quoi les managers ne sauront plus piloter correctement leurs équipes.

Ne rien oublier lors des négociations sur le télétravail

Voici une *check-list* des différents points qui devraient faire l'objet de négociations débouchant sur un accord. Si dans ce paragraphe, des points ne vous paraissent pas clairs lors d'une première lecture, sachez qu'ils seront étudiés plus précisément dans la troisième partie de cet ouvrage. Les négociations permettent de définir les éléments suivants.

– Les services et les fonctions concernés par le télétravail

Certaines catégories peuvent être exclues, par exemple les personnes n'ayant pas suffisamment d'ancienneté. Quels sont les établissements concernés, s'il y a lieu ?

– La définition du télétravail pour l'entreprise

On peut reprendre la définition de l'ANI ou du Code du travail.

– Le mode de télétravail

En cas d'alternance : préciser le nombre de jours en télétravail (par semaine ou par mois).

– Si l'accord est signé pour une première expérimentation du télétravail par un établissement ou par l'entreprise dans son ensemble :

* Quelle sera la durée de cette expérimentation ?
* Y aura-t-il un groupe pilote ou des services concernés pour expérimenter ? Si oui, lesquels ?
* Quelle sera la durée de la période d'adaptation pour chacun des télétravailleurs ?

Il faut préciser la durée de la période d'adaptation pendant laquelle chacune des parties peut mettre fin au télétravail et quel sera le délai de prévenance.

En cas de passage au télétravail en cours de contrat, la durée de la période d'adaptation se situe fréquemment autour de deux ou trois mois.

En cas d'embauche en télétravail, cette période d'adaptation ne devra pas excéder la durée de la période d'essai, renouvellement éventuel inclus.

– Le rattachement

Quel sera le lieu de rattachement du télétravailleur en cas d'embauche ou de suppression de locaux ?

– La réversibilité

C'est un point important des négociations. Il s'agit de savoir dans quels cas la réversibilité dans les locaux de l'employeur nécessite l'accord des deux parties, et dans quels cas et pour quelles causes elle peut être demandée de droit par l'employeur (type de travail et charge) ou de droit par le salarié (par exemple, naissance d'un enfant empêchant d'utiliser la pièce bureau convertie en chambre).

– La ou les plages horaires pendant lesquelles le salarié pourra être joint

Attention : ces plages doivent respecter la vie privée. Sont-elles indiquées sur l'agenda partagé ?

– Les conditions d'indemnisation des frais professionnels inhérents à l'utilisation du domicile du salarié comme lieu de travail

C'est un point important.

• Que prend en charge l'employeur ? Internet, électricité, chauffage, etc.

- Les conditions d'indemnisation ou de mise à disposition et de restitution du matériel professionnel ;
- Les conditions d'indemnisation ou de mise à disposition et de restitution du matériel professionnel nécessaire (documentation, fournitures, matériel informatique, raccordement au réseau, etc.), le mobilier, la chaise ou le fauteuil ergonomique, les périphériques.

– La maintenance

Qui assurera la maintenance et le dépannage ?

Quelles sont les procédures envisagées ?

– Les sécurités informatiques

Quelles sécurités sont mises en place ?

L'ordinateur de bureau peut-il être utilisé à des fins personnelles ou non ?

– Les « mouchards » informatiques

Un logiciel de surveillance est-il installé sur le système d'information ? Si oui, lequel et quelles sont ses fonctionnalités ?

La pointeuse virtuelle : quel sera son type et son système ?

– La conformité électrique de la pièce servant de lieu de travail au domicile du télétravailleur

L'employeur demandera-t-il un certificat de conformité électrique norme NF C15-100 de décembre 2002 ? À quel organisme de contrôle ?

– Les assurances

Quelle police doit fournir le télétravailleur s'il travaille à son domicile ?

Quelles sont les assurances prises par l'employeur ?

– Les formations

Quelles formations sont mises en place pour les télétravailleurs ?

Pour les N +1 ?

Pour tous en cas d'équipe mixte ?

– Les modifications du règlement intérieur

Quels points sont modifiés pour tenir compte du télétravail ?

Préconisations en période de fonctionnement

Les règles qui suivent ne seront que peu développées ici, dans la mesure où elles sont évidentes. Malheureusement, elles ne sont pas toujours appliquées.

Ne pas laisser les télétravailleurs s'isoler

Il faut dans tous les cas sauvegarder un état d'esprit collectif. Avec les télétravailleurs situés à distance, le N + 1 doit nécessairement être en relation phonique ou visiophonique au minimum une fois par semaine (voire par quinzaine) pour maintenir les liens relationnels. L'e-mail, qui est de l'écrit, ne suffit pas.

En outre, il faut qu'il organise au moins une à deux réunions par an avec son collectif de travail. D'ailleurs l'ANI du 19 juillet 2005, comme nous le verrons dans la troisième et dernière partie, en fait une obligation.

Ne pas abuser de la visiophonie

Si la visiophonie apporte de très nombreux avantages en termes de gain de temps des collaborateurs et des responsables, et sur le plan financier pour les entreprises, elle peut également être source de mécontentement en cas d'usage trop fréquent par les N + 1 ou N + 2.

Par ailleurs, nous avons à maintes reprises reçu des doléances de collaborateurs qui ne voyaient leur supérieur que par écran interposé, virtuellement. De ce fait, ils se sentaient délaissés, voire abandonnés, car ils ne pouvaient plus échanger de la même manière que lors d'une rencontre réelle. Le « boss » resté dans sa tour d'ivoire, ne peut plus se rendre compte des difficultés du terrain et donc prendre les bonnes décisions.

Faire des réunions dynamiques et efficaces

Le travail à distance impose des réunions dynamiques et efficaces, d'autant que les télétravailleurs ne peuvent plus accepter l'inefficacité de leur supérieur ou de leurs collègues. Or nombre de réunions ne sont pas suffisamment préparées pour atteindre les objectifs fixés. Le manager étant désormais perçu comme un coach, il doit nécessairement passer à un niveau de compétences supérieures pour préparer et organiser les réunions avec ses collaborateurs. En particulier, il doit permettre à ses $N - 1$ de participer pleinement au débat avant de synthétiser les travaux communs. De plus, suite à ces réunions, les collaborateurs souhaiteront que les décisions prises soient rapidement appliquées.

Respecter la vie privée des collaborateurs

Cette préconisation est en fait une obligation juridique, le collaborateur ne pouvant être joint que pendant des heures déterminées à l'avance.

Rester vigilant dans ses pratiques

Nous voudrions ici mettre en garde certains $N + 1$ ou $N + 2$ qui ont la fâcheuse habitude de diriger à vue sans s'apercevoir que cela entraîne des conséquences très perturbantes chez leurs collaborateurs. On dira d'eux qu'« ils changent tout le temps d'idées », ce qui n'est pas tout à fait le cas. En fait, ils suivent les événements ou leurs pensées au lieu de les précéder en les planifiant.

Avec le travail à distance, cette manière de faire devient « catastrophique ». Les télétravailleurs travaillant dans une logique d'efficacité et étant devenus beaucoup plus responsables, ils ne peuvent plus supporter les changements de direction, qualifiés d'irresponsables. Le sens des responsabilités s'inverse.

Les conditions juridiques pour télétravailler

Chapitre 1

Le télétravail salarié est entré dans le Code du travail

Avec la Loi Warsmann n° 2012-387 du 22 mars 2012, le télétravail est entré définitivement dans le Code du travail. Nous pourrions dire enfin, car il a fallu plus de douze ans pour cela. En effet, dès le début des années 2000, la Commission européenne avait invité les partenaires sociaux à engager des négociations sur le télétravail.

Le 23 mai 2002, la Confédération européenne des syndicats (CES), représentant les salariés, le comité de liaison EUROCADRES CEC, représentant les cadres, l'UNICE/UEAPME, représentant les entreprises, et le CEEP ont conclu un accord-cadre portant sur le télétravail, à charge pour les États membres de le transposer dans leur propre pays. Celui-ci a été signé et entériné à Bruxelles le 16 juillet 2002. Pour la première fois, la société civile définissait un accord général qui ne soit pas une directive européenne.

Les partenaires sociaux français ont repris le texte et continué les négociations pour tenir compte du droit du travail et des pratiques existantes en France. Enfin, le 19 juillet 2005, le Medef, la CGPME, l'UPA pour le patronat et la CFDT, la CFE-CGC, la CFDC, la CGT, et la CGT-FO pour les salariés ont signé un accord unanime sur le télétravail afin de le mettre en place dans les entreprises françaises : l'ANI du 19 juillet 2005. Ce n'est que le 30 mai 2006 que l'arrêté portant sur l'extension de cet ANI a été promulgué au *Journal officiel* pour toutes les entreprises et organisations signataires de l'accord.

Ce dernier ne s'imposait qu'aux employeurs dont les organisations patronales représentatives avaient signé l'ANI et non aux structures et professions non représentées. Par exemple, n'étaient pas concernées les associations, les chambres consulaires, les entreprises agricoles, les professions libérales et les entreprises du spectacle.

Pour remédier à cela, plusieurs projets de loi ont été déposés par des députés afin que le télétravail entre dans le Code du travail. Ce fut fait le 22 mars 2012 par le vote à l'Assemblée nationale des nouveaux articles L. 1222-9 à L. 1222-11.

Une définition juridique claire

Une première définition a été donnée par l'ANI du 19 juillet 2005 : « *Le télétravail est une forme d'organisation et/ou de réalisation du travail, utilisant les technologies de l'information dans le cadre d'un contrat de travail et dans laquelle un travail, qui aurait également pu être réalisé dans les locaux de l'employeur, est effectué hors de ces locaux de façon régulière.* »

Ce caractère régulier ne signifie pas de manière continue ou permanente, comme le précise le troisième paragraphe : « *Le caractère régulier exigé par la définition n'implique pas que le travail doit être réalisé en totalité hors de l'entreprise, et n'exclut donc pas les formes alternant travail dans l'entreprise et travail hors de l'entreprise.* »

Travailler à l'extérieur des locaux de l'entreprise ne suffit pas à conférer à un salarié la qualité de télétravailleur. Ainsi en est-il de certains commerciaux ou de personnes du SAV qui sont restés à l'écart des négociations portant sur les accords de télétravail dans les entreprises au cours des années qui ont suivi. Mais le texte entré dans le Code du travail en 2012 pourrait permettre de reconsidérer cette situation.

La définition donnée sur le plan juridique par l'article L. 1222-9 du Code du travail semble plus générale : « *Sans préjudice de l'application, s'il y a lieu, des dispositions du présent code protégeant les travailleurs à domicile, le télétravail désigne toute forme d'organisation du travail dans laquelle un travail qui aurait également pu être exécuté dans les locaux de l'employeur est effectué par un salarié hors de ces locaux de façon régulière et volontaire en utilisant les technologies de l'information et de la communication dans le cadre d'un contrat de travail ou d'un avenant à celui-ci.*

Le télétravailleur désigne toute personne salariée de l'entreprise qui effectue, soit dès l'embauche, soit ultérieurement, du télétravail tel que défini au premier alinéa. »

Il semble que l'article L. 1222-9 étende la notion de télétravail juridique à tous ceux qui utilisent volontairement les TIC pour travailler régulièrement en dehors des locaux de l'employeur. Suivant cette interprétation, les commerciaux, les ingénieurs commerciaux et assimilés, les membres du SAV, les cadres travaillant chez eux le soir en se connectant au serveur de leur entreprise pourraient également être concernés par les textes réglementant le télétravail. D'autant plus que le deuxième paragraphe de l'article précise que « *le télétravailleur désigne toute personne salariée de l'entreprise qui effectue, soit dès l'embauche, soit ultérieurement, du télétravail tel que défini au premier alinéa* ».

Selon nous, un problème juridique se pose concernant les « travailleurs à domicile » et déclarés comme tels suivant les dispositions des articles L. 7411-1 à L. 7424-4, et R. 7413-1 à R. 7424-2 du Code du travail et qui utiliseraient les technologies de l'information pour exercer leurs missions ou leurs tâches. En effet, l'article L. 1222-9 portant sur le télétravail, commence ainsi : « *Sans préjudice de l'application, s'il y a lieu, des dispositions du présent code protégeant les travailleurs à domicile, le télétravail désigne toute forme d'organisation du travail…* » Dans ce cas, ces salariés pourraient-ils jouir à la fois de leur statut de « travailleur à domicile » et des droits attachés aux télétravailleurs salariés ? La question est posée. Nous pensons que les deux textes de loi devraient naturellement les concerner, car ils relèvent de ces deux status juridiques issus du Code du travail qui ne semblent pas être exclusifs l'un de l'autre.

Ne restez pas hors du droit

D'après les dernières études menées au cours du tour de France du télétravail début 2013 par le cabinet LBMG Worklabs, seuls 33 % des salariés avaient formalisé avec leur employeur le télétravail. Ceci signifie que les 67 % restant exercent en télétravail gris, faisant encourir des risques aux salariés comme aux employeurs. Par exemple :

– Qu'adviendra-t-il si un salarié non déclaré en télétravail subit un accident en dehors des locaux de l'employeur ?

– Ou s'il cause un accident à autrui en dehors des locaux et que le sinistré poursuit le salarié et son employeur ?

– Comment est établie la protection des données et l'utilisation des outils de travail en dehors des locaux de l'employeur ?

– Le salarié peut-il demander à son employeur des frais inhérents au télétravail ?

– Le salarié peut-il réclamer des heures supplémentaires à son employeur quand il continue de travailler à la maison ?

Que vous soyez employeur ou salarié, en appliquant les textes juridiques relatifs au télétravail, vous résolvez la quasi-totalité des conflits qui pourraient survenir en cas de télétravail gris.

Les textes de référence

Pour tous les salariés du privé

Les textes sont au nombre de deux : le Code du travail dans ses articles L. 1222-9, L. 1222-10 et L. 1222-11 ; et l'ANI du 19 juillet 2005, qui s'applique à toutes les entreprises sauf aux associations, aux chambres consulaires, aux entreprises agricoles, aux professions libérales et aux entreprises de spectacle. De plus un certain nombre d'arrêts émanant de la chambre sociale de la Cour de cassation apportent des précisions à certaines questions juridiques[1].

Pour les fonctionnaires

Un seul texte les concerne au moment de la publication de cet ouvrage, la loi n° 2012-347 du 12 mars 2012, en son article 133. Celui-ci précise : « *Les fonctionnaires relevant de la loi n° 83-634 du 13 juillet 1983 portant droits et obligations des fonctionnaires peuvent exercer leurs fonctions dans le cadre du télétravail tel qu'il est défini au premier alinéa de l'article L. 1222-9 du Code du travail. L'exercice des fonctions en télétravail est accordé à la demande du fonctionnaire et après accord du chef de service. Il peut y être mis fin à tout moment, sous réserve d'un délai de prévenance. Les fonctionnaires télétravailleurs bénéficient des droits prévus par la législation et la réglementation applicables aux agents exerçant leurs fonctions dans les locaux de leur employeur public.*

Le présent article est applicable aux agents publics non fonctionnaires et aux magistrats.

Un décret en Conseil d'État fixe, après concertation avec les organisations syndicales représentatives de la fonction publique, les conditions d'application du présent article, notamment en ce qui concerne les

---

1. Voir les annexes.

modalités d'organisation du télétravail. » À la date de sortie de cet ouvrage, le décret n'était pas encore paru.

Chapitre 2

Les obligations de l'employeur

Moins de cinquante salariés : signature d'un avenant au contrat de travail

Comme l'indique l'article L. 1222-9 du Code du travail dans son quatrième alinéa « *le contrat de travail ou son avenant précise les conditions de passage en télétravail…* ». Par conséquent, les personnes travaillant en dehors des locaux de l'entreprise en utilisant les technologies de l'information comme si elles s'y trouvaient doivent avoir soit un contrat de travail qui leur en précise les modalités et les conditions du télétravail, soit avoir signé un avenant au contrat de travail concernant le télétravail.

Comme les entreprises de moins de cinquante salariés n'ont pas de comité d'entreprise, les modifications portant sur l'organisation du travail et l'usage des technologies ne peuvent être débattues. Les modalités devront être mentionnées dans l'avenant lui-même ou dans le contrat de travail.

La direction peut néanmoins informer l'éventuel délégué du personnel de la mise en place du télétravail au sein de l'entreprise et lui indiquer les dispositions prises vis-à-vis des télétravailleurs.

À partir de cinquante salariés : accord d'entreprise

Selon nous, un accord d'entreprise ou d'établissement négocié permet de clarifier tous les points susceptibles de créer des divergences entre l'employeur et ses salariés. Il simplifie la mise en œuvre et le développement du télétravail. Nous conseillons donc de lancer des négociations dès lors que le télétravail peut concerner un certain nombre de salariés, qu'ils soient cadres ou non.

Que faut-il négocier ? Il s'agit de faire part au comité d'entreprise du projet, de la demande de certains salariés, ou encore de pratiques déjà existantes de télétravail gris. Puis il faudra remettre les textes du Code du travail et de l'ANI du 19 juillet 2005. Dans nombre d'entreprises, l'ANI servira de canevas aux négociations, à l'instar de ce qu'a fait la totalité des entreprises ayant signé un tel accord. Un benchmarking effectué auprès de ces entreprises a permis de dresser une *check-list* des différents points à étudier et à négocier que vous trouverez en annexe ou que vous avez pu lire précédemment.

En cas d'embauche

Le télétravail suppose que le salarié soit volontaire. L'employeur ne peut donc l'imposer, sauf en cas d'embauche. Le Code du travail appréhende la notion de volontariat par son adjectif définissant le télétravail : c'est un *« travail effectué [...] par un salarié hors de ces locaux de façon régulière et volontaire en utilisant les technologies de l'information et de la communication »*.

L'article 2 de l'ANI, lui, est sans ambiguïté : *« Le télétravail revêt un caractère volontaire pour le salarié… »* Par conséquent, quand les salariés exercent dans les locaux de l'entreprise, ils doivent faire une demande écrite à leur employeur pour pouvoir télétravailler.

Si le télétravail est demandé par l'employeur, l'accord du salarié est obligatoire. La Cour de cassation en a d'ailleurs rappelé les termes dans un arrêt du 2 octobre 2001 (voir les annexes). Ce volontariat doit également s'exprimer lorsqu'un employeur veut mettre un terme au télétravail d'un salarié. Il lui faut son accord une fois la période d'essai passée. Sa décision serait illicite s'il l'obligeait, comme le précise l'arrêt de la Cour de cassation du 31 octobre 2006 (voir les annexes).

Cependant, un employeur peut embaucher directement un salarié en télétravail, comme le précise l'article L. 1222-9 paragraphe 2 : « *Le télétravailleur désigne toute personne salariée de l'entreprise qui effectue, soit dès l'embauche, soit ultérieurement, du télétravail tel que défini au premier alinéa.* »

En cas de refus

Le salarié et l'employeur peuvent chacun de leur côté refuser l'éventualité du télétravail. L'article 2 de l'ANI précise : « *Si un salarié exprime le désir d'opter pour un télétravail, l'employeur peut, après examen, accepter ou refuser cette demande.* » Le télétravail n'est pas un droit, mais résulte d'un accord.

L'employeur ne peut l'imposer aux salariés déjà en poste. Le refus du salarié ne constitue pas un motif de rupture du contrat de travail comme le précise le deuxième paragraphe de l'article L. 1222.9 du Code du travail : « *Le refus d'accepter un poste de télétravailleur n'est pas un motif de rupture du contrat de travail.* » Ce texte reprend l'article 2 de l'ANI : « *Le refus d'un salarié d'accepter un poste de télétravailleur n'est pas, en soi, un motif de rupture de son contrat de travail.* » C'est donc son droit de pouvoir refuser.

De la même manière, tout supérieur hiérarchique représentant l'employeur peut le refuser à ses subordonnés. Il peut accepter ou refuser de mettre en place le télétravail au sein de son équipe ou l'accorder à l'un de ses collaborateurs, même en cas d'accord d'entreprise ou d'établissement. Afin d'exclure l'éventualité d'une décision prise « à la tête du client », les accords d'entreprise proposent les conditions qui permettront ou non d'accorder le télétravail.

EN PRATIQUE

L'accord passé chez Schneider Electric précise que le télétravailleur doit « *faire preuve d'une réelle autonomie dans la conduite de son travail* ». Dans d'autres cas, c'est le manager qui en est nommément désigné comme responsable, comme chez Dassault Systems : « *Lorsqu'un salarié exprime le désir d'opter pour le télétravail [...] cette demande doit être validée en amont par le manager qui devra notamment estimer la faisabilité de la réalisation des tâches à distance.* » Dans certains accords, le refus d'accorder le télétravail doit être motivé, comme chez France Telecom, Accenture ou Capgemini. Dans ces deux dernières entreprises, une commission de recours a été constituée afin d'étudier l'éventuel différend entre le salarié et son manager en cas de refus. Chez Alcatel-Lucent, c'est le N +2 qui sert de recours.

L'employeur peut réserver le télétravail à une partie de son personnel

Dans la quasi-totalité des accords d'entreprise signés, une mention précise quels salariés ou postes seront concernés par le télétravail.

EN PRATIQUE

Merck Santé exclut de l'accord les salariés nouvellement embauchés : « *Avoir une ancienneté minimale dans l'entreprise (six mois) afin de garantir la bonne intégration préalable du salarié et l'instauration réelle de la relation dans l'entreprise.* » C'est le cas des stagiaires et des apprentis chez Capgemini : « *Les apprentis et les stagiaires ne sont pas éligibles au télétravail, considérant que la présence dans la communauté de travail est un élément indispensable à leur apprentissage.* » Dans d'autres entreprises, des seuils d'effectifs ont été mis en place, comme à la Banque de France (30 %) ou chez Veolia (50 %).

On peut également trouver comme limitation mais aussi pour cause d'accord les temps de transport, comme chez Alstom Transport en Île-de-France : « *Le télétravail repose sur le principe du volontariat. Il doit permettre de pallier les contraintes découlant de l'allongement du temps de transport. En conséquence, seuls les salariés dont le temps de trajet a été augmenté d'au moins une heure par jour (aller-retour) du fait du transfert de leur contrat de travail peuvent bénéficier du dispositif.* »

Signature d'un avenant au contrat de travail

Selon le Code du travail, l'éventualité de télétravailler dépend des dispositions du contrat de travail ou peut être précisée par un avenant. Ce dernier doit préciser un certain nombre de points qui seront étudiés par la suite, ce que précise l'article L. 1222.9 au troisième paragraphe : « *Le contrat de travail ou son avenant précise les conditions de passage en télétravail…* »

L'ANI dans son article 2, paragraphe 2, précise que « *le télétravail peut faire partie des conditions d'embauche du salarié ou être mis en place, par la suite, sur la base du volontariat. Dans ce cas, il doit faire l'objet d'un avenant au contrat de travail* ».

Tous les accords d'entreprise signés reprennent ces textes.

Égalité des droits

Les mêmes droits et avantages issus des conventions et accords d'entreprise doivent être appliqués à tous les salariés, y compris ceux et celles qui télétravaillent.

L'ensemble des dispositions du Code du travail s'applique aux salariés, qu'ils soient ou non télétravailleurs, selon l'article 4 de l'ANI : « *Les télétravailleurs bénéficient des mêmes droits et avan-*

tages légaux et conventionnels que ceux applicables aux salariés en situation comparable dans les locaux de l'entreprise. Cependant, pour tenir compte des particularités du télétravail, des accords spécifiques complémentaires collectifs et/ou individuels peuvent être conclus. »

Si tous les salariés ont les mêmes droits, il peut exister des dispositions complémentaires pour les télétravailleurs, comme certaines indemnités pour les frais relatifs au matériel ou aux frais liés au télétravail (Internet, téléphone, etc.).

Le Code du travail s'applique dans tous les cas.

Mettre en place la réversibilité

L'article L. 1222-9 du Code du travail précise au paragraphe 4 : *« Le contrat de travail ou son avenant précise les conditions de passage en télétravail et les conditions de retour à une exécution du contrat de travail sans télétravail. »*

Dans son article 3, l'ANI indique *« si le télétravail ne fait pas partie des conditions d'embauche, l'employeur et le salarié peuvent, à l'initiative de l'un ou de l'autre, convenir par accord d'y mettre fin et d'organiser le retour du salarié dans les locaux de l'entreprise. Les modalités de cette réversibilité sont établies par accord individuel et/ou collectif »*.

La clause de réversibilité doit donc être négociée au moment de la mise en place du télétravail (avenant ou accord d'entreprise).

EN PRATIQUE

Dans l'accord de télétravail chez Logica, la réversibilité est prévue de la manière suivante :

« ARTICLE 2.4 – RÉVERSIBILITÉ

Durant les trois premiers mois dans ce dispositif d'organisation du travail, le télétravailleur est en période dite d'adaptation.

Pendant cette période, le salarié ou le manager peut décider de cesser à tout moment la situation de télétravail à domicile, moyennant le respect d'un délai de prévenance d'un mois. Ce délai de prévenance est ramené à quinze jours en cas de circonstances exceptionnelles, comme celles liées à une circonstance de vie privée ou de logement. Ce délai ne fait pas obstacle à d'éventuels cas de force majeure rendant immédiatement impossible de manière temporaire ou définitive l'exercice du télétravail à domicile (à titre d'exemple, événement climatique, événement grave de vie privée). Le cas échéant, l'entreprise et le télétravailleur s'efforceront de trouver une solution de repli.

Après la période d'adaptation, le télétravail peut être suspendu à l'initiative du manager ou du salarié moyennant un délai de prévenance de deux mois, sauf circonstances exceptionnelles.

En tout état de cause, en cas de nécessité opérationnelle ou d'impossibilité opérationnelle ou technique (à titre d'exemple en cas de coupure de réseau informatique de plus de quatre heures), le télétravail peut être très provisoirement et immédiatement suspendu à l'initiative de Logica.

Pour les populations opérationnelles, la fin d'une mission pour laquelle le télétravail était envisageable peut entraîner la fin de cette organisation.

Il est précisé que la situation de préavis, quelle qu'en soit la cause, peut remettre en question immédiatement la situation de télétravail, notamment pour organiser les transmissions de compétences et de dossier. L'avenant au contrat de travail rappellera cette possibilité.

Enfin, la réversibilité peut intervenir à l'initiative du télétravailleur (à titre d'exemple à l'occasion d'un événement de vie) ou sur une nécessité opérationnelle (à titre d'exemple si l'autonomie du collaborateur n'est pas suffisante au regard des objectifs fixés et résultats attendus ou si une criticité de projet rend la présence concomitante de tous nécessaire) moyennant un délai de cinq jours ouvrés. »

Pour simplifier, le Code du travail demande que les conditions de ce retour soient préalablement signées dans le contrat de travail initial, ou dans l'avenant précisant les conditions du télétravail.

Fourniture du matériel et participation aux frais

L'employeur doit fournir du travail au salarié ainsi que les moyens et les outils pour le réaliser. Si tous les juristes considèrent cette obligation comme étant acquise, elle a été reprécisée par la cour d'appel d'Angers dans un arrêt du 18 janvier 2011 n° 09/02618, qui a posé le principe suivant : « *L'article L. 1222-1 du Code du travail stipule que le contrat de travail est exécuté de bonne foi, ce qui oblige l'employeur, quant à lui, à fournir du travail au salarié, ainsi que les moyens de réaliser celui-ci, et d'assurer son adaptation à l'évolution de son emploi.* »

En outre, l'article 1222.10 du Code du travail précise : « *Outre ses obligations de droit commun vis-à-vis de ses salariés, l'employeur est tenu à l'égard du salarié en télétravail : 1° De prendre en charge tous les coûts découlant directement de l'exercice du télétravail, notamment le coût des matériels, logiciels, abonnements, communications et outils ainsi que de la maintenance de ceux-ci.* »

Par conséquent, l'employeur doit non seulement équiper le salarié en télétravail, mais aussi participer aux frais inhérents à celui-ci.

Que peut prendre en charge financièrement l'employeur ?

Les coûts liés à l'achat du matériel, aux abonnements Internet et télécommunications, et ceux relatifs à l'électricité doivent être pris en charge par l'employeur. *Quid* des frais relatifs au domicile du salarié quand ce dernier y télétravaille ?

La Direction de la Sécurité sociale, par la circulaire DSS/SDFF/5B/N° 2005/376 du 4 août 2005 modifiant la circulaire DSS/SDFSS/5B/N° 2003/07 du 7 janvier 2003 et la lettre circulaire de la Direction de la réglementation du Recouvrement et du Service (DIRRES) N° 2005-126, a apporté les réponses que peuvent se poser à la fois les employeurs et les salariés, sachant que les différentes dispositions devraient être négociées préalablement dans un accord d'entreprise ou d'établissement portant sur le télétravail, ou dans l'avenant au contrat de travail. Que dit cette circulaire ?

« *Caractère de frais professionnels des dépenses engagées dans le cadre du télétravail (article 2 de l'arrêté du 25 juillet 2005 modifiant l'article 6 de l'arrêté du 20 décembre 2002).*

Les frais générés par le télétravail sont réputés être des dépenses inhérentes à l'emploi qui peuvent être exclues de l'assiette des cotisations[1].

L'article 2 de l'arrêté du 25 juillet 2005 précise que trois catégories de frais peuvent être identifiées :

- *les frais fixes et variables liés à la mise à disposition d'un local privé pour un usage professionnel ;*
- *les frais liés à l'adaptation d'un local spécifique ;*
- *les frais de matériel informatique, de connexion et fournitures diverses.*

Quelles sont les modalités d'évaluation des frais considérés comme des frais professionnels déduits de l'assiette des cotisations ?

– Évaluation des frais pouvant être pris en charge pour les frais fixes :

- *montant du loyer ou, à défaut de loyer, valeur locative brute ;*
- *taxe d'habitation ;*
- *taxe foncière sur les propriétés bâties ;*
- *taxes régionales, départementales ou communales comme la taxe d'enlèvement d'ordures ménagères ;*
- *charges de copropriété ;*
- *assurances multirisques d'habitation.*

---

1. Des charges sociales.

Quote-part des frais fixes réellement supportés au titre du local affecté à un usage professionnel au prorata de la superficie totale de l'habitation principale.

EN PRATIQUE

Voici un exemple :

Appartement de 70 m² en location.

Surface du local affecté à l'usage professionnel : 10 m²

Le loyer s'élève à 700 € par mois et la prime d'assurance à 25 € par mois.

Les charges de copropriété mensuelle sont de 120 €.

La taxe d'habitation de 960 € par an, soit 960/12 = 80 €

Le montant des frais pouvant être pris en charge au titre des charges fixes s'élève à : 700 + 25 + 120 + 80 = 925 € x 10/70 = 132 €

— Évaluation des frais pouvant être pris en charge pour les frais variables :

- *chauffage et/ou climatisation ;*
- *électricité.*

Quote-part des frais variables réellement supportés au titre du local affecté à un usage professionnel.

— Évaluation des frais pouvant être pris en charge pour les dépenses d'acquisition du mobilier

- *bureau ergonomique ;*
- *fauteuil ergonomique ;*
- *étagères, meubles de rangement ;*
- *lampe de bureau.*

a) En cas de prêt de mobilier :

- *absence de dépenses supplémentaires du salarié : pas de remboursement de frais possible ;*

- *avantage en nature à évaluer sur une base réelle (valeur résiduelle = valeur nette comptable) s'il y a abandon définitif du mobilier au travailleur salarié ou assimilé ;*
- *achat du mobilier par le salarié pour le compte de l'entreprise, le salarié en restant toutefois propriétaire : remboursement des frais exclu de l'assiette dans la limite de 50 % de la dépense réelle sur justificatifs.*

b) Modalités de déduction en cas d'achat par l'entreprise :

- *annuités d'amortissement du mobilier (pratique comptable et fiscale) ;*
- *pour le petit mobilier non amortissable : valeur réelle de l'année d'acquisition.*

– Évaluation des frais pouvant être pris en charge pour les frais liés à l'adaptation du local.

– Frais de diagnostic de conformité électrique.

– Installations de prises (téléphoniques, électriques, etc.).

– Modifications liées à la mise en conformité avec la législation du travail.

L'exclusion de l'assiette des cotisations de ces frais est admise sur présentation de la facture (travaux d'aménagement).

– Évaluation des frais pouvant être pris en charge pour les matériels informatiques et périphériques : ordinateur, imprimante, modem, etc.

En cas de prêt de matériel :

- *absence de dépenses supplémentaires du travailleur salarié ou assimilé, pas de remboursement de frais possible ;*
- *avantage en nature à évaluer sur une base réelle (valeur résiduelle = valeur nette comptable en cas d'abandon définitif du mobilier au travailleur salarié ou assimilé).*

En cas d'achat de matériel par le salarié pour le compte de l'entreprise, le salarié en restant toutefois propriétaire :

* *remboursement des frais et exclusion de l'assiette dans la limite de 50 % de la dépense réelle sur justificatifs.*

Modalités de déduction :

* *annuités d'amortissement du matériel (pratique comptable et fiscale) ;*
* *pour le petit matériel non amortissable : valeur réelle de l'année d'acquisition.*

– Évaluation des frais pouvant être pris en charge pour les consommables (ramettes de papier, cartouches d'encre) : remboursement sur justificatifs des frais et déduction de l'assiette.

– Évaluation des frais pouvant être pris en charge pour les frais de connexion au réseau téléphonique, frais d'abonnement (téléphonique, Internet, etc.) : remboursement sur présentation des justificatifs de frais. »

Comme vous pouvez le constater, l'employeur peut dédommager comme il convient le télétravailleur, à condition qu'il y ait une négociation gagnant-gagnant.

EN PRATIQUE

À titre d'exemple, voici l'accord d'entreprise sur le télétravail au sein de Veolia Eau :

« L'entreprise prend en charge :

Les frais d'installation d'une ligne téléphonique.

Les factures de téléphone (abonnements et communications) de la ligne téléphonique professionnelle précitée avec facture détaillée.

Les frais d'installation et de maintenance du matériel nécessaire à la bonne exécution du travail à domicile, ce matériel comprenant au minimum :

- *un bureau ;*
- *une chaise ergonomique ;*
- *un ordinateur ;*
- *une imprimante ;*
- *un modem ;*
- *une ligne téléphonique ;*
- *un repose-pieds ;*
- *un dictionnaire ;*
- *des fournitures de bureau.*

Les frais de déplacement entre le domicile et l'entreprise : ces frais seront remboursés sur la base d'indemnités kilométriques pour la distance parcourue en voiture (à partir de l'entrée de l'Île-de-France), ou sur la base des frais de transport en commun sur justificatif et pour le trajet effectué à l'intérieur de l'Île-de-France.

Une indemnité forfaitaire de 20 euros bruts imposable et soumise à cotisations correspondant à la prise en charge d'une quote-part des frais d'électricité et de chauffage est versée mensuellement au télétravailleur.

Les frais de mise en conformité engagés par les télétravailleurs, suite à l'audit effectué par l'organisme de sécurité agréé seront remboursés sur justificatif dans la limite de 200 euros.

En cas de changement de domicile, l'entreprise prend à sa charge l'installation du matériel mis à la disposition du télétravailleur dans son nouveau domicile.

L'entreprise, propriétaire du matériel, est assurée pour tout dommage causé (responsabilité dommages, vol, incendie, explosion, bris de machines, etc.). »

Dans la totalité des accords, la prise en charge des frais par l'employeur ne concerne qu'une seule résidence, même si le salarié télétravaille aussi dans sa résidence secondaire.

Mise en place d'une assistance technique

L'employeur est tenu d'assurer la maintenance informatique et de mettre en place une assistance technique permettant de travailler à distance, comme le précise l'article L. 1222-10 du Code du travail : « *L'employeur est tenu à l'égard du salarié [...] de prendre en charge [...] la maintenance.* » Il doit indiquer au salarié la marche à suivre en cas de dysfonctionnement. « *L'employeur fournit au télétravailleur un service approprié d'appui technique* » (selon l'article 7 de l'ANI du 19 juillet 2005). S'il n'a pas de service informatique en interne, il doit avoir signé un contrat de maintenance avec une entreprise extérieure.

Dans tous les cas, l'employeur doit mettre en place une procédure spécifique relative aux pannes informatiques et à celles du réseau Internet afin de pouvoir dépanner les télétravailleurs. Ces pannes pouvant interférer sur le temps de travail effectif, il faudra préciser comment le temps sera décompté.

EN PRATIQUE

L'accord de Veolia Eau en précise les termes :

« *Dans le cas d'une impossibilité temporaire d'accomplissement de ses fonctions en télétravail au domicile en raison d'un événement non programmé (panne) :*

– Lorsque l'origine de la panne est le non-fonctionnement du réseau informatique de l'entreprise ou des outils associés [...], le télétravailleur est réputé en temps de travail dans sa plage horaire habituelle, durant la durée de l'indisponibilité et au maximum jusqu'à la fin de la journée considérée ; il ne lui sera pas demandé de récupérer ce temps ; au-delà, le télétravailleur est amené à exercer son activité sur son site de rattachement.

– Lorsque l'origine de la panne est extérieure à l'entreprise (réseau télé-phonique ou électrique, etc.), le télétravailleur est réputé en temps de travail durant la plage fixe de trois heures programmée dans l'avenant à son contrat de travail ; en dehors de cette plage, il lui sera demandé de récupérer le temps non travaillé lors de la première journée de panne, soit le jour même, soit un autre jour, dans le mois travaillé qui suit, sauf à ce que son responsable valide qu'il a traité des dossiers pendant toute la durée de la panne ; au-delà, le télétravailleur est amené à exercer son activité sur son site de rattachement. »

Quant au remplacement du matériel informatique en cas de vol ou de détérioration, ainsi que la maintenance, l'article 7 de l'ANI indique : « *L'employeur assume la responsabilité, conformément aux dispositions en vigueur, des coûts liés à la perte ou à la détérioration des équipements et des données utilisés par le télétravailleur.* » Par conséquent, il pourrait prendre en charge l'éventuelle assurance correspondante concernant ce matériel.

Dans tous les cas, il ne peut faire supporter au télétravailleur les coûts liés à la perte du matériel.

Assurer la sécurité informatique

L'employeur doit sécuriser les données informatiques, aussi bien celles transférées par Internet que celles situées sur les disques durs de l'ordinateur du salarié, le tout dans le respect des règles fixées par la Cnil (Commission nationale de l'informatique et des libertés). C'est ce qui ressort de l'article 5 de l'ANI : « *Il incombe à l'employeur de prendre, dans le respect des prescriptions de la Cnil, les mesures qui s'imposent pour assurer la protection des données utilisées et traitées par le télétravailleur à des fins professionnelles.* »

L'employeur devrait également fournir au télétravailleur les règles légales, conventionnelles et spécifiques permettant de protéger les données et leur confidentialité, comme le précise l'article 5 de l'ANI « *L'employeur informe le télétravailleur des dispositions légales et des règles propres à l'entreprise relatives à la protection de ces données et à leur confidentialité.* »

Sur les restrictions d'usage du matériel confié, « *il l'informe également : de toute restriction à l'usage des équipements ou outils informatiques comme l'Internet et, en particulier, de l'interdiction de rassembler et de diffuser des matériels illicites* via *l'Internet ; des sanctions en cas de non-respect des règles applicables. Il incombe au télétravailleur de se conformer à ces règles* ».

Le Code du travail l'impose en son article L. 1222-10 deuxième alinéa : « *L'employeur est tenu à l'égard du salarié en télétravail d'informer le salarié de toute restriction à l'usage d'équipements ou outils informatiques ou de services de communication électronique et des sanctions en cas de non-respect de telles restrictions.* »

Dans les faits, tous les chefs d'entreprise ont plus que raison de se soucier de la sécurité informatique. Cependant, la plupart des dysfonctionnements informatiques sont dus à des erreurs humaines. Il est nécessaire de donner aux télétravailleurs une formation spécifique intitulée « Usage des outils, sécurité et maintenance du système informatique ».

EN PRATIQUE

Nous conseillons de mettre par écrit les consignes de sécurité informatique et de les inscrire dans le règlement intérieur de l'entreprise ou de l'établissement. Ce document indiquera aussi les sanctions pouvant être appliquées. Il faut enfin que ces consignes soient accessibles sur l'Intranet de l'entreprise.

Sécurité et santé au travail

Les employeurs sont responsables de la santé et de la sécurité de leurs salariés s'ils viennent à travailler dans et en dehors des locaux de l'entreprise, comme le prévoit l'article L. 4121-1 du Code du travail : « *L'employeur prend les mesures nécessaires pour assurer la sécurité et protéger la santé physique et mentale des travailleurs.*

Ces mesures comprennent :

* *des actions de prévention des risques professionnels et de la pénibilité au travail ;*
* *des actions d'information et de formation ;*
* *la mise en place d'une organisation et de moyens adaptés.*

L'employeur veille à l'adaptation de ces mesures pour tenir compte du changement des circonstances et tendre à l'amélioration des situations existantes. »

D'ailleurs, l'article 8 de l'ANI commence par ces termes : « *Les dispositions légales et conventionnelles relatives à la santé et la sécurité au travail sont applicables aux télétravailleurs. L'employeur doit veiller à leur strict respect. L'employeur informe le télétravailleur de la politique de l'entreprise en matière de santé et de sécurité au travail, en particulier des règles relatives à l'utilisation des écrans de visualisation. Le télétravailleur est tenu de respecter et d'appliquer correctement ces politiques de sécurité.* »

D'après l'ANI, l'employeur doit vérifier si les dispositions d'hygiène et de sécurité sont également respectées au domicile pour pouvoir y travailler : « *Afin de vérifier la bonne application des dispositions applicables en matière de santé et de sécurité au travail, l'employeur, les représentants du personnel compétents en matière d'hygiène et de sécurité (CHSCT ou délégués du personnel dans les entreprises qui en sont dotées) et les autorités administratives compétentes ont accès au lieu du télétravail suivant les modalités prévues par les dispositions légales et conventionnelles en vigueur.* » Un droit de visite permet de s'assurer que le télétravailleur travaille dans de bonnes conditions et qu'il respecte les consignes relatives à la santé. Attention, le CHSCT ou l'employeur ne peut visiter la pièce de travail au domicile qu'avec l'accord du salarié.

EN PRATIQUE

Devant cette obligation de résultat, qui a été reprécisée par la Cour de cassation, citons le texte de Logica relatif à certaines obligations dont celle de fumer : « *Considérant le caractère privé et donc inviolable du domicile du télétravailleur, certaines obligations légales en matière d'hygiène et de sécurité n'y sont pas toutes transposables à l'identique. Il peut s'agir à titre d'exemple de l'interdiction de fumer, de mise à disposition d'un vestiaire, de l'affichage d'un plan d'évacuation, du respect des couloirs d'accès dédiés aux secours, etc.* » Pour respecter cette obligation, les employeurs déploient une formation spécifique à la santé de leurs collaborateurs exerçant en télétravail, à l'exemple d'Alcatel-Lucent : « *Une formation sur la "Santé et la Sécurité au poste de travail" dans le cadre du télétravail à domicile sera dispensée à tout télétravailleur* » ou comme chez Oracle « *Dans le cadre du télétravail, une formation sur la "Santé et la sécurité au poste de travail à domicile" sera dispensée à tout nouveau télétravailleur...* »

En cas de télétravail au domicile du salarié, l'employeur devrait mettre en place un diagnostic électrique. C'est ce qu'indique l'article 7 de l'ANI du 19 juillet 2005 : « *Sous réserve, lorsque le télétravail s'exerce à domicile, de la conformité des installations électriques et des lieux de travail, l'employeur fournit...* » Ce diagnostic semble une obligation pour assurer la sécurité des salariés. Il peut également être demandé par le salarié à l'employeur si le contrat de travail prévoit que le télétravail s'effectue au domicile du collaborateur.

Enfin, l'employeur ne peut refuser le télétravail à une personne qui le demande pour raison de santé et en ayant l'aval du médecin du travail, comme l'a décidé la chambre sociale de la Cour de cassation (15 février 2011 N° 09-73005 ; voir l'arrêt en annexe).

Horaires et temps de travail

Dans son article L. 1222-10 au cinquième paragraphe, le Code du travail précise : « *L'employeur est tenu à l'égard du salarié [...] 5° De fixer, en concertation avec lui, les plages horaires durant lesquelles il peut habituellement le contacter.* »

Quant à l'article 9 de l'ANI du 19 juillet 2005, il prévoit que le télétravailleur « *gère son temps de travail dans le cadre de la législation, des conventions collectives et des règles applicables dans l'entreprise* ».

Cette précision montre qu'en dehors des heures imposées pour des raisons de « service », en particulier si le télétravailleur interagit avec des clients ou des collaborateurs, il peut gérer librement son temps de travail dans des plages horaires fixées en commun.

De la même manière, le collaborateur en télétravail étant un salarié comme les autres, il doit respecter la législation en vigueur en ce qui concerne la durée du travail, tout comme son employeur. Ce dernier doit respecter et faire respecter la vie privée des collaborateurs en télétravail.

Dans la mesure où le télétravailleur est autonome, il peut travailler à des plages horaires différentes de celles de l'ouverture des bureaux de l'employeur, par exemple tôt le matin ou tard le soir, sans pour autant être dérangé par le téléphone en dehors des heures prévues. Par conséquent, tous les collaborateurs doivent respecter les heures pendant lesquelles le télétravailleur peut être joint. Il est recommandé qu'elles soient affichées sur les agendas partagés dans l'Intranet de l'entreprise.

Il découle de cette obligation que la vie privée du salarié doit être préservée, comme le prévoit l'article 6 de l'ANI : « *L'employeur est tenu de respecter la vie privée du télétravailleur. À cet effet, il fixe, en concertation avec le salarié, les plages horaires durant lesquelles il peut le contacter.* »

Outils de contrôle

L'employeur doit recourir aux outils de contrôle avec pertinence. Ce même article 6 de l'ANI du 19 juillet 2005 précise que « *si un moyen de surveillance est mis en place, il doit être pertinent et proportionné à l'objectif poursuivi et le télétravailleur doit en être informé. La mise en place, par l'employeur, de tels moyens doit faire l'objet d'une information et d'une consultation préalables du comité d'entreprise ou, à défaut, des délégués du personnel dans les entreprises qui en sont dotées* ».

Ouverture des fichiers privés

Depuis l'arrêt Nikon du 2 octobre 2001 (voir en annexe), « *le salarié a droit, même au temps et au lieu de travail, au respect de l'intimité de sa vie privée ; [...] l'employeur ne peut [...] prendre connaissance des messages personnels émis par le salarié et reçus par lui grâce à un outil informatique mis à sa disposition pour son travail.* »

C'est pourquoi le salarié doit indiquer systématiquement dans l'objet des e-mails privés le mot « perso ». Dans l'arrêt du 17 mai 2005 (N° 03-40.017), la Cour de cassation précise que « *[...] l'employeur ne peut ouvrir les fichiers identifiés par le salarié comme personnels contenus sur le disque dur de l'ordinateur mis à sa disposition qu'en présence de ce dernier ou représenté...* ».

Entretien d'évaluation

L'employeur doit mettre en place chaque année un entretien d'évaluation. L'article L. 1222-10, quatrième paragraphe du Code du travail précise que « *l'employeur est tenu [...] D'organiser chaque année un entretien qui porte notamment sur les conditions d'activité du salarié et sa charge de travail* ».

Les salariés en télétravail sont évalués de la même manière que tous les autres salariés. Selon l'article 9 de l'ANI du 19 juillet

2005 : « *Il bénéficie des mêmes entretiens professionnels que les autres salariés de l'entreprise. Il est soumis aux mêmes politiques d'évaluation que ces autres salariés.* »

Assurances

Du point de vue juridique, les assurances couvrent les événements accidentels pouvant se produire ou ce que nous pouvons faire subir aux autres, comme le précisent les articles n° 1382, 1383 et 1384 du Code civil : « *Article 1382 : Tout fait quelconque de l'homme, qui cause à autrui un dommage, oblige celui par la faute duquel il est arrivé, à le réparer.* »

« *Article 1383 : Chacun est responsable du dommage qu'il a causé non seulement par son fait, mais encore par sa négligence ou par son imprudence.* »

« *Article 1384 : On est responsable non seulement du dommage que l'on cause par son propre fait, mais encore de celui qui est causé par le fait des personnes dont on doit répondre, ou des choses que l'on a sous sa garde.* »

Par conséquent, dans l'éventualité d'un événement aléatoire susceptible de causer des dommages à nos biens ou nous-mêmes, les assureurs peuvent proposer une assurance correspondante comme celles couvrant un incendie, un dégât des eaux, un accident, ou la responsabilité civile telle que précisée dans les articles précédents.

Cependant, l'article 1384 pose la question de la responsabilité civile de l'employeur vis-à-vis des agissements de ses salariés lorsque ces derniers travaillent pour son entreprise, puisqu'il en est responsable.

Voici ce qui devrait ou pourrait être assuré dans le cadre du télétravail.

Le matériel

L'employeur demandera aux salariés qui travaillent chez eux de prendre en charge le matériel professionnel utilisé dans leur assurance multirisque habitation dans la mesure où ils en ont la garde dans leur logement (article 1384 du Code civil). Dans ce cas, chaque salarié donnera à son assureur la liste du matériel confié par l'employeur qui devra l'inclure dans les biens couverts. Le salarié demandera une attestation d'assurance à son assureur qu'il retournera à l'employeur.

S'il y a surprime, en règle générale, celle-ci est prise en charge par l'employeur. Si le montant des sommes garanties pour le matériel et l'embellissement devait être suffisant, il faut le vérifier.

EN PRATIQUE

Une assurance multirisque spécifique de type informatique peut être souscrite pour les ordinateurs portables, les tablettes et autres smartphones, dans la mesure où ce matériel peut subir des dégâts quel que soit le lieu où ils se trouvent, par exemple lors de déplacements. Étant donné leur coût, l'employeur a tout intérêt à étudier s'il ne peut pas s'autoassurer.

Les logiciels

Concernant les logiciels, les assureurs ont construit un produit qui est en réalité une garantie financière, car ils ne peuvent pas assurer les frais d'un logiciel sur mesure, ni la totalité des données présentes dans un ordinateur, ni le montant qu'elles peuvent représenter, sous peine de devoir demander des primes exorbitantes.

Les assureurs proposent une assurance « reconstitution des données », à condition qu'il existe des sauvegardes régulières, conservées dans des lieux sûrs. Outre celles pouvant s'effectuer individuellement ou collectivement dans l'entreprise à l'aide de logiciels spécifiques positionnés sur le serveur et qui sauvegardent sur un second serveur, des prestataires de service offrent des solutions souvent proposées par les assureurs eux-mêmes. Le développement des SaaS, du PaaS et du *cloud* devrait remplacer à terme les anciennes architectures. Ces compléments d'assurance, relativement chers et optionnels, peuvent être souscrits qu'il y ait ou non télétravail.

EN PRATIQUE

Pour éviter les vols, il est recommandé de transporter les portables informatiques dans des sacoches, des mallettes ou des sacs non reconnaissables comme étant spécifiques au matériel informatique. Il existe désormais des designs rendant le sac totalement discret.

La responsabilité civile professionnelle comprenant celle d'exploitation et la défense juridique

Lorsque le salarié travaille, il est sous la responsabilité de l'employeur. S'il télétravaille à son domicile, le logement reste privatif.

D'une manière générale, l'employeur peut-il être poursuivi pour l'agissement d'un salarié en dehors de ses locaux si celui-ci est en activité de travail ? Oui, puisque la personne est alors sous la responsabilité de son employeur. Dès lors, celui-ci doit souscrire une assurance responsabilité civile professionnelle étendue à ses salariés en télétravail.

Le règlement intérieur

Les principales modifications à apporter au règlement intérieur sont les suivantes.

– Préciser l'amplitude des journées de travail et des horaires d'appel téléphonique.

– Mentionner les restrictions d'usage du matériel professionnel appartenant à l'employeur : l'employeur peut tout à fait interdire l'usage du portable informatique à des fins privées. D'ailleurs, c'est ce que nous préconisons, car c'est le meilleur moyen de préserver le matériel de l'entreprise. Si cette interdiction n'est pas précisée et si les enfants du salarié jouent avec l'ordinateur du parent qui télétravaille, cela peut entraîner des conséquences fâcheuses.

– Faire respecter les procédures de connexion : le règlement doit préciser les procédures de connexion et leur respect. Celles-ci pouvant varier d'une entreprise à une autre, il sera nécessaire de les introduire et de les expliquer lors d'une « réunion – formation ».

– Assurer la préservation des documents confidentiels de l'entreprise ou des clients au domicile du salarié : l'employeur pourra également demander à ce que les documents confidentiels appartenant à des clients ou à l'entreprise soient entreposés dans un meuble ou dans une serviette fermant à clé en dehors des heures de travail, y compris au domicile du salarié. Dans ce cas, l'employeur pourra fournir soit le meuble, soit la serviette adéquate.

– Préciser les consignes de sécurité : vous pouvez également préciser les consignes de sécurité concernant le matériel et ses usages, ainsi que celles pour la santé des collaborateurs en télétravail.

Intempéries et grève

Le télétravail peut être déployé en cas d'intempéries et de grève, comme le prévoit le Code du travail en son article L. 1222-11 : « *En cas de circonstances exceptionnelles, notamment de menace d'épidémie, ou en cas de force majeure, la mise en œuvre du télétravail peut être considérée comme un aménagement du poste de travail rendu nécessaire pour permettre la continuité de l'activité de l'entreprise et garantir la protection des salariés. Les conditions et les modalités d'application du présent article sont définies par décret en Conseil d'État. »*

À la date de parution de cet ouvrage, ce décret n'a toujours pas été publié.

Chapitre 3

Les obligations du salarié

Si nous voulons être exhaustifs, nous devons reprendre dans ce chapitre un certain nombre d'obligations concernant les salariés. Nous nous excusons auprès du lecteur pour ces redites indispensables.

Volontariat

Vous devez envoyer une lettre recommandée au responsable des ressources humaines ou son équivalent pour faire votre demande de télétravail, à moins que cette condition fasse l'objet d'un contrat d'embauche.

L'article 2 de l'ANI du 19 juillet 2005 précise que « *le télétravail revêt un caractère volontaire pour le salarié et l'employeur concernés* ». Le télétravail peut faire partie des conditions d'embauche du salarié ou être mis en place, par la suite, sur la base du volontariat.

Si vous êtes déjà en poste, le Code du travail indique également que le télétravail doit être volontaire. Le droit français étant écrit, le salarié doit envoyer une lettre recommandée avec accusé de réception pour que ce volontariat soit recevable juridiquement.

EN PRATIQUE

Nous vous conseillons de faire votre demande de télétravail au préalable de vive voix à votre N + 1 avant d'effectuer cet envoi.

Puis l'employeur doit signifier sa volonté, comme le précise l'article 2 de l'ANI : « *Si un salarié exprime le désir d'opter pour un télétravail, l'employeur peut, après examen, accepter ou refuser cette demande.* » Comme nous l'avons déjà précisé, le télétravail n'est pas un droit, mais il relève d'un accord.

Refus du télétravail

Vous pouvez refuser le télétravail qui vous serait demandé par l'employeur, comme le prévoit l'article 2 de l'ANI du 19 juillet 2005 : « *Le refus d'un salarié d'accepter un poste de télétravailleur n'est pas, en soi, un motif de rupture de son contrat de travail.* » Il en est de même pour le Code du travail, en son article L. 1222-9, deuxième paragraphe : « *Le refus d'accepter un poste de télétravailleur n'est pas un motif de rupture du contrat de travail.* »

Signature d'un avenant au contrat de travail

Vous devez signer un avenant au contrat de travail, précise le Code du travail en son article L. 1222-9 : « *Le contrat de travail ou son avenant précise les conditions de passage en télétravail* » ; ou encore l'ANI du 19 juillet 2005 en son article 2, deuxième paragraphe : « *Le télétravail peut faire partie des conditions d'embauche du salarié ou être mis en place, par la suite, sur la base du volontariat. Dans ce cas, il doit faire l'objet d'un avenant au contrat de travail.* »

Réversibilité

L'avenant doit préciser les modalités de réversibilité, édicte l'article L. 1222-9 du Code du travail : « *Le contrat de travail ou son avenant précise [...] les conditions de retour à une exécution du contrat de travail sans télétravail.* »

Bon usage des outils

Le matériel informatique est sensible en particulier aux virus, aux spams, aux « *malwares* », etc. Nous conseillons qu'il ne soit pas utilisé pour télécharger des films, de la musique, ou servir de console de jeu. Ce qui relève du travail doit rester confiné à ce domaine et le télétravailleur devrait avoir du matériel personnel pour ce qui relève de sa vie privée.

L'employeur a tout intérêt à le faire préciser, comme le prévoit l'article 5 de l'ANI du 19 juillet 2005 : « *Il* [l'employeur] *l'informe également :*

- *de toute restriction à l'usage des équipements ou outils informatiques comme l'Internet et, en particulier, de l'interdiction de rassembler et de diffuser des matériels illicites via l'Internet ;*
- *des sanctions en cas de non-respect des règles applicables.*

Il incombe au télétravailleur de se conformer à ces règles. »

Le Code du travail, lui, précise à l'article L. 1222-10, deuxième alinéa, que l'employeur doit « *informer le salarié de toute restriction à l'usage d'équipements ou outils informatiques ou de services de communication électronique et des sanctions en cas de non-respect de telles restrictions* ».

EN PRATIQUE

Le matériel confié par l'employeur doit être respecté et nous conseillons qu'il ne serve qu'au travail lui-même, comme le précise l'accord signé chez Alcatel-Lucent : « *Ce matériel [...] restera l'entière propriété d'Alcatel-Lucent. Il devra être utilisé dans un cadre strictement professionnel.* »

Sécurité et confidentialité

Vous devez respecter les consignes de sécurité et de confidentialité établies dans l'entreprise, qui devraient faire l'objet d'un paragraphe spécifique du règlement intérieur, l'article 5 de l'ANI du 19 juillet 2005 précisant : « *Il incombe à l'employeur de prendre, dans le respect des prescriptions de la Cnil, les mesures qui s'imposent pour assurer la protection des données utilisées et traitées par le télétravailleur à des fins professionnelles. [...] Il incombe au télétravailleur de se conformer à ces règles.* »

Dysfonctionnement du matériel

Vous devez avertir immédiatement votre employeur ou le service concerné en cas de dysfonctionnement de votre matériel de travail, comme le précise l'ANI du 19 juillet 2005 en son article 7 : « *En cas de panne ou de mauvais fonctionnement des équipements de travail, le télétravailleur doit en aviser immédiatement l'entreprise suivant les modalités fixées par celle-ci.* »

Temps de travail

Comme tout autre salarié de l'entreprise, le télétravailleur est tenu de respecter la durée du temps de travail en vigueur.

Respect de la vie privée

Le télétravailleur doit respecter la vie privée des autres télétravailleurs. Il doit donc fixer avec son employeur les horaires pendant lesquels il peut être joint. C'est ce qu'édicte le Code du travail dans son article L. 1222.10 au cinquième paragraphe : « *L'employeur est tenu à l'égard du salarié en télétravail : 5° De fixer, en concertation avec lui, les plages horaires durant lesquelles il peut habituellement le contacter.* »

Par conséquent, tous les collaborateurs doivent respecter les heures d'appel prévues par l'entreprise ou affichées sur les agendas partagés dans l'Intranet de l'entreprise.

Conformité aux normes électriques

Vous êtes tenu d'accepter qu'un diagnostic électrique soit effectué à votre domicile.

Si le télétravail se déroule à votre domicile, il est préférable de vérifier si l'installation de l'électricité de la pièce utilisée pour télétravailler est conforme à la norme NF C15-100, et en particulier si les prises électriques sont raccordées à la terre et si un disjoncteur différentiel est positionné en cas de surtension. C'est ce que demande l'article 7 de l'ANI du 19 juillet 2005 : « *Sous réserve, lorsque le télétravail s'exerce à domicile, de la conformité des installations électriques et des lieux de travail, l'employeur fournit…* » Par conséquent, le salarié doit accepter le diagnostic électrique qui sera effectué par une entreprise habilitée.

EN PRATIQUE

Le coût de ce diagnostic, pris en charge par l'entreprise, s'élevait à environ 150 euros en 2013. Si cet examen conclut à la non-conformité de l'installation électrique, vous devez procéder ou faire faire les travaux électriques si besoin est avant de pouvoir télétravailler chez vous. Ces travaux peuvent être pris en charge pour partie par l'employeur, mais ce n'est pas une obligation. Lorsque les travaux ont été effectués, l'organisme habilité effectue une seconde visite afin de délivrer le certificat de conformité.

Assurance multirisque habitation

Le télétravailleur doit être assuré à son domicile en multirisque habitation et apporter le certificat d'assurance à son employeur.

Dans la quasi-totalité des cas, le matériel informatique et les moyens de connexion sont octroyés par l'employeur au salarié. Par conséquent, quand ce dernier travaille à domicile, il en a la garde et en est responsable. Il doit assurer ce matériel à la fois contre les risques d'incendie, de dégât des eaux et de vol. C'est ce que prévoit déjà une assurance multirisque habitation.

EN PRATIQUE

Pour que l'assureur prenne directement en compte ce matériel, il est nécessaire d'en faire l'inventaire en en précisant la valeur, puis de le remettre à l'assureur. Contre cette déclaration complémentaire, l'assureur remettra une attestation d'assurance par laquelle le matériel est couvert par son assurance multirisque habitation. Ainsi, en cas de sinistre, ce dernier indemnisera directement l'employeur à hauteur du montant garanti. Si l'assureur demande une légère surprime, celle-ci devrait être payée par l'employeur.

Visite du CHSCT

Pour les entreprises relevant de l'ANI du 19 juillet 2005, et après une demande formulée, le télétravailleur ne doit pas s'opposer à ce qu'un membre du CHSCT visite la pièce de son domicile lui servant de bureau. Il fixera le jour et l'heure, comme le précise l'article 8 : « *Si le télétravailleur exerce son activité à son domicile, cet accès est subordonné à une notification à l'intéressé qui doit préalablement donner son accord. Le télétravailleur est autorisé à demander une visite d'inspection.* »

Chapitre 4

Quelques questions subsidiaires

Les accidents du travail

Cas général

Une personne est reconnue comme ayant subi un accident du travail lorsque cet événement survient dans les locaux de l'employeur ou lors du trajet domicile-travail. Il en va de même pour tous les nomades aux heures habituelles de travail, quel qu'en soit le lieu, lors de leurs déplacements professionnels. *Quid* des télétravailleurs exerçant à leur domicile, dans un télécentre, un espace de *coworking* ou même un café ?

Principes généraux

En l'absence de législation spécifique pour les télétravailleurs, ce sont les principes généraux qui s'appliquent. Une personne est couverte en cas d'accident dès lors qu'elle est en situation de travail pour le compte d'un employeur, quel que soit le lieu où elle se trouve, à la seule condition que cet accident survienne pendant les heures de travail et que la situation de télétravail soit établie par un contrat de travail ou un avenant à ce dernier. Le télétravail « gris » de certains cadres n'entre donc pas dans cette définition, puisque la situation de (télé)travail ne peut être établie.

Le télétravail à domicile

Dans le cadre normal du télétravail, la personne est assurée à son domicile pendant les horaires de travail établis dans l'avenant au contrat de travail, ou par l'usage d'un agenda électronique ou encore une pointeuse virtuelle. Cependant, en l'absence de texte spécifique, il faudrait vraisemblablement que l'incident survienne dans la pièce de travail, ou lors des déplacements intérieurs pour s'y rendre ou en sortir pour entrer dans la catégorie des accidents du travail. Il ne s'agit là que d'une simple présomption.

Faute de précisions, certains employeurs, pour ne pas être pris au dépourvu, font une déclaration préalable de leur personnel exerçant en télétravail à l'Urssaf. D'autres spécifient dans leur accord d'entreprise les modalités de prise en compte d'un accident du travail.

Enfin, les personnes en télétravail sont assurées dans le cadre des accidents du travail comme tous les autres salariés pour les déplacements domicile-travail.

Le télétravail dans un télécentre ou un espace de coworking

Le salarié qui travaille dans un télécentre ou un espace de *coworking* est assuré dans ces locaux, quel que soit l'accident qu'il pourrait subir, comme s'il exerçait chez son employeur aux heures habituelles de travail, à condition que là encore il puisse établir sa situation de télétravail par un avenant au contrat de travail.

Le café, le restaurant ou l'hôtel

Là encore, en cas d'accident, il faut prouver que la personne était en position de télétravail (avenant au contrat de travail), et qu'elle travaillait. L'accord d'entreprise et/ou l'avenant au contrat de travail s'avèrent incontournables en cas d'accident du travail. Par conséquent, il est nécessaire et impératif de mettre en place les dispositions juridiques contenues dans l'ANI du 19 juillet 2005 et le Code du travail. Voici l'exemple de deux accords d'entreprise permettant de préciser les dispositions relatives aux accidents du travail auprès des CPAM.

EN PRATIQUE

Chez Renault, « *si l'accident survient pendant les jours et périodes de travail à domicile prévus par un avenant au contrat de travail, le lien professionnel est* a priori *présumé. Cette présomption s'applique conformément aux dispositions légales et réglementaires propres au régime accidents du travail et maladies professionnelles en vigueur* ».

Chez Hewlett-Packard, « *l'employé fournira tous les éléments nécessaires à Hewlett-Packard qui effectuera la déclaration d'accident du travail. En cas d'accident pendant les jours de travail à domicile par l'avenant au contrat de travail, le lien professionnel sera présumé. Dans l'hypothèse où Hewlett-Packard reconnaîtrait de manière explicite et sans aucune équivoque le caractère accident du travail et en cas de contestation de celui-ci par la Caisse primaire d'assurance-maladie, Hewlett-Packard prendra en charge les frais de procédure que générerait un contentieux dans la limite de 1 000 €* ».

Des milliers de personnes exercent encore en télétravail gris… il serait grand temps que sur le plan juridique, des avenants au contrat de travail soient signés dans toutes les entreprises concernées.

Les dispositions relatives aux accidents du travail

Le décret du 29 juillet 2009 a reprécisé les procédures.

Délai d'instruction

Depuis le 1er janvier 2010, le point de départ du délai d'instruction est la date de réception par la CPAM de la déclaration d'accident du travail et du certificat médical initial. Ce délai d'instruction est de trente jours.

Obligation d'information des caisses et réserves de l'employeur

Depuis le 1er janvier 2010, la « reconnaissance implicite » est supprimée ; et les réserves éventuellement émises par l'employeur lors de la déclaration de l'accident du travail doivent être motivées. En cas de réserve, la CPAM peut enquêter sur les circonstances ou la cause de l'accident *via* un questionnaire ou une enquête auprès de l'employeur et de la victime. Suite à celles-ci, la CPAM informe les parties au moins dix jours francs avant de rendre sa décision sur les éléments de l'enquête et sur la possibilité qui leur est offerte de consulter le dossier. Le décret précise que cette information doit être faite « *par tout moyen permettant d'en déterminer la date de réception* » (lettre recommandée avec demande d'avis de réception ou e-mail électronique).

Notification de la décision

Depuis le 1er janvier 2010, la CNAM envoie sa décision à l'employeur et à la victime par tout moyen permettant de préciser la date de réception, la mention des délais et les voies de recours.

Les salariés demandant à télétravailler pour raison de santé

L'employeur peut-il interdire le télétravail à un salarié qui en fait la demande pour raison de santé alors que son poste le permet ? L'employeur est légalement tenu par la quatrième partie du Code du travail, intitulé « Santé et sécurité au travail », aux obligations suivantes :

Article L. 4121-1 : « *L'employeur prend les mesures nécessaires pour assurer la sécurité et protéger la santé physique et mentale des travailleurs. Ces mesures comprennent :*

- *1° Des actions de prévention des risques professionnels et de la pénibilité au travail ;*

- *2° Des actions d'information et de formation ;*
- *3° La mise en place d'une organisation et de moyens adaptés.*

L'employeur veille à l'adaptation de ces mesures pour tenir compte du changement des circonstances et tendre à l'amélioration des situations existantes. »

L'article L. 4121-2 précise que « *L'employeur met en œuvre les mesures prévues à l'article L. 4121-1 sur le fondement des principes généraux de prévention suivants :*

- *1° Éviter les risques ;*
- *2° Évaluer les risques qui ne peuvent pas être évités ;*
- *3° Combattre les risques à la source ;*
- *4° Adapter le travail à l'homme, en particulier en ce qui concerne la conception des postes de travail ainsi que le choix des équipements de travail et des méthodes de travail et de production, en vue notamment de limiter le travail monotone et le travail cadencé et de réduire les effets de ceux-ci sur la santé ;*
- *5° Tenir compte de l'état d'évolution de la technique ; »*, etc.

Dans la mesure où le télétravail est entré dans le Code du travail par les articles L. 1222-9 et suivants, il correspond très exactement à ce que précise le troisième paragraphe de l'article L. 4121-1 : « *L'employeur prend les mesures nécessaires pour assurer la sécurité et protéger la santé physique et mentale des travailleurs [...] par la mise en place d'une organisation et de moyens adaptés. »* De plus, il doit « *tenir compte de l'évolution des techniques* », donc de la possibilité de travailler à distance grâce aux nouvelles technologies de la communication.

Selon nous, le télétravail fait désormais partie d'une nouvelle organisation engageant la responsabilité de l'employeur dès lors qu'il répond à son obligation de préserver la santé de l'un de ses collaborateurs. Ainsi, si un médecin du travail appuie une demande de télétravail pour raison de santé, il nous semble possible que le dirigeant qui le refuserait à son collaborateur soit considéré comme responsable des aggravations de santé le concernant si elles sont dues à la fatigue et au stress des transports quotidiens. Cela étant dit, le médecin du travail ne peut « contraindre » l'employeur, qui sera seul tenu pour responsable en cas de procès.

C'est pourquoi la chambre sociale de la Cour de cassation (15 février 2011 N° 09-73005) a condamné aux dépens une entreprise qui avait licencié un salarié souffrant d'un handicap alors qu'il demandait à pouvoir télétravailler pour ne plus subir les transports domicile-travail (voir les annexes).

EN PRATIQUE

Faites un essai pendant un à deux mois à raison d'une journée puis de deux jours par semaine avant de prendre votre décision. Le télétravail peut en effet très bien ne pas vous convenir, mais il faut savoir pourquoi. Dans tous les cas, nous vous déconseillons de télétravailler tous les jours de la semaine. Mieux vaut maintenir des liens dans les locaux de l'employeur un ou deux jours par semaine, sauf en cas d'aggravation de votre état de santé.

Les frais de déplacement d'un télétravailleur dénué du statut les prévoyant

Quels sont les frais kilométriques correspondant à la distance domicile-travail pouvant être déduits de l'impôt sur le revenu d'un salarié ? Le site http://www.impots.gouv.fr/ précise que *« les frais exposés pour votre trajet domicile-travail sont déductibles, mais pour un kilométrage limité.*

— Vous habitez à moins de 40 km (ou à 40 km) de votre lieu de travail

Lorsque la distance séparant votre domicile de votre lieu de travail n'excède pas 40 km (soit 80 km aller-retour), vous pouvez prendre en compte l'intégralité du kilométrage dans le calcul de vos frais de transport

– Vous habitez à plus de 40 km de votre lieu de travail

Lorsque la distance séparant votre domicile de votre lieu de travail excède 40 km (soit 80 km aller-retour), la prise en compte du kilométrage ne s'effectue que pour 40 km.

Cependant, l'intégralité de la distance peut être prise en compte si vous justifiez cet éloignement par des circonstances particulières liées notamment à l'emploi occupé ou à des circonstances familiales ou sociales particulières, autres que des convenances personnelles.

À titre d'exemples :

* *difficulté à trouver un nouvel emploi à proximité de votre domicile ;*
* *précarité ou mobilité de l'emploi que vous exercez ;*
* *exercice d'une activité professionnelle par votre conjoint à proximité du domicile commun.*

Dans ce cas, vous devez joindre une note explicative à votre déclaration de revenus, précisant les raisons de cet éloignement. »

Selon nous, cette disposition fiscale concernant les personnes habitant à plus de quarante kilomètres de leur lieu de travail devrait être étendue aux salariés qui télétravaillent.

Fermeture par l'employeur des locaux professionnels

En raison de la crise économique, certaines entreprises comme Air France ont décidé de fermer leurs succursales et autres établissements commerciaux en région, afin de faire des économies sur leurs frais généraux. Quoi de plus normal ? Le personnel a eu le choix entre rejoindre un autre établissement ou télétravailler à domicile. Rien d'illégal à cela, à condition de suivre les procédures prévues légales. Cette situation met le personnel dans une situation douloureuse sur le plan personnel et relationnel.

Selon nous, ce choix devrait s'accompagner de la possibilité pour ces futurs télétravailleurs de se rendre à leur demande dans un tiers lieu de l'agglomération où se situait l'ex-établissement secondaire ou la succursale commerciale, ce qui n'est pas toujours le cas.

Les titres-restaurants

La Commission nationale des titres-restaurants a évolué (voir les annexes). Désormais, qu'ils soient ou non en télétravail, tous les salariés ont les mêmes droits et les mêmes avantages. Par conséquent, si les titres-restaurants sont proposés dans l'entreprise, le personnel en télétravail conserve le droit d'en recevoir. De la même manière si les titres-restaurants sont mis en place dans l'entreprise ultérieurement, les salariés en télétravail y ont droit comme tous les autres salariés de l'entreprise.

La visite médicale obligatoire des télétravailleurs

Au moment où nous terminons cet ouvrage, les décrets concernant les travailleurs éloignés de leur employeur ne sont pas encore parus, et ce malgré la réforme de la médecine du travail de 2012. Les obligations restent donc inacceptables.

EN PRATIQUE

Par exemple, un télétravailleur habitant Biarritz et devenant salarié d'une entreprise dont le siège est à Lille doit faire sa visite d'embauche dans cette ville, située à huit cent soixante-huit kilomètres à vol d'oiseau de son lieu de résidence, ou en faisant un aller-retour de deux mille kilomètres par la route. Il en est de même pour effectuer sa visite de reprise s'il est en arrêt de travail de plus de trente jours.

C'est ce qui ressort de la réponse obtenue auprès de l'Inspection du travail le 26 mars 2013 après lui avoir posé ce problème (voir les annexes) : « *En matière de médecine du travail, l'article L. 4625-1 du Code du travail précise qu'un décret détermine les règles relatives aux modalités de surveillance médicale des travailleurs éloignés géographiquement de l'entreprise. Ce décret n'est pas encore paru.*

La circulaire DGT n° 01 du 5 février 2007 répond à cette absence de règlement. La procédure est la suivante :

— Soit le salarié se déplace aux frais de l'employeur vers le service de santé au travail de l'entreprise.

— Soit l'employeur adhère à un autre service de santé au travail. Selon l'article D. 4622-21 du Code du travail, ce service de santé ne peut refuser l'adhésion de l'entreprise. »

Le télétravail dans les fonctions publiques

Il existe trois fonctions publiques : celle d'État (2,3 millions d'agents), la fonction publique territoriale (1,8 million d'agents) et la fonction publique hospitalière (1,1 million d'agents), auxquelles il faut ajouter les Établissements publics à caractère industriel et commercial (EPIC), les Établissements publics de coopération intercommunale (EPCI), les Établissements publics à caractère administratif (EPA) et les Organismes divers d'administration centrale (ODAC) (0,7 million d'agents en tout).

Il faut prendre en compte la situation du statut des salariés. Tous les agents ne sont pas fonctionnaires. Certains le sont statutairement et relèvent du droit public, d'autres sont contractuels mais leurs contrats peuvent être de droit public, enfin quelques-uns sont de droit privé avec des contrats de travail à durée déterminée ou indéterminée. Pour les fonctionnaires statutaires et les contractuels de droit public, les décrets d'application portant sur le télétravail seront ceux de la fonction publique, tandis que pour les personnels contractuels relevant du privé, il s'agit du Code du travail.

L'article 133 de la loi n° 2012-347 du 12 mars 2012 a précisé simplement et rigoureusement la mise en place du télétravail au sein de toutes les fonctions publiques concernant tous les personnels relevant du droit public : agents statutaires et contractuels.

– Définition du télétravail identique dans le public et dans le privé : « *Les fonctionnaires relevant de la loi n° 83-634 du 13 juillet 1983 portant droits et obligations des fonctionnaires peuvent exercer leurs fonctions dans le cadre du télétravail tel qu'il est défini au premier alinéa de l'article L. 1222-9 du Code du travail.* »

– Double volontariat comme dans le privé : « *L'exercice des fonctions en télétravail est accordé à la demande du fonctionnaire et après accord du chef de service.* »

– Réversibilité simplifiée et directe : « *Il peut y être mis fin à tout moment, sous réserve d'un délai de prévenance.* »

– Mêmes droits pour les fonctionnaires postés et pour les fonctionnaires en télétravail : « *Les fonctionnaires télétravailleurs bénéficient des droits prévus par la législation et la réglementation applicables aux agents exerçant leurs fonctions dans les locaux de leur employeur public [...] Le présent article est applicable aux agents publics non fonctionnaires et aux magistrats.* »

– Mais attention, les conditions d'application ne sont pas encore parues : « *Un décret en Conseil d'État fixe, après concertation avec les organisations syndicales représentatives de la fonction publique, les conditions d'application du présent article, notamment en ce qui concerne les modalités d'organisation du télétravail.* »

Il nous semble que les décrets d'application pour la mise en place du télétravail se rapprocheront à terme au plus près des dispositions inscrites dans l'ANI du 19 juillet 2005 et dans le Code du travail.

Le télétravail à l'étranger ?

Le télétravail n'étant qu'une forme d'exécution du travail, l'ensemble des dispositions juridiques relevant de l'ANI du 19 juillet 2005 et du Code du travail s'appliquent, dès lors que la personne est salariée d'un établissement établi en France et qu'elle est en mission à l'étranger pour une durée courte. Cependant, pour des durées longues, il faut approfondir le sujet.

Le détachement

Régi par la directive européenne du 14 octobre 1991, le détachement ne doit pas excéder une certaine durée qui varie selon le pays au sein duquel le salarié est détaché. La durée est prévue par les textes applicables en matière de protection sociale. Pour l'ensemble des formalités à accomplir et pour les textes, voir le site de la **CPAM**, ameli.fr.

A priori, le détachement d'un salarié vers un état membre de l'Union européenne (UE) est de douze mois, renouvelables une fois si la mission n'a pas été achevée (articles 14 et 17 du règlement CE n° 1408/71)[1]. Des prorogations peuvent être obtenues pour une durée maximale de cinq à six ans.

Pour les autres pays hors de l'UE, les traités bilatéraux de Sécurité sociale prévoient souvent des durées de cinq ou six ans. Par exemple, pour les États-Unis, le détachement maximal est de cinq ans en application de la convention bilatérale entre ce pays et la France.

À défaut de convention bilatérale avec la France, les dispositions du droit français s'appliquent, dont les articles L. 761-2 et R. 761-1 du Code de la Sécurité sociale, par lesquels la durée

---

1. http://www.cleiss.fr/docs/textes/1408-71/index.html

maximale du détachement est de trois ans renouvelables une fois, soit une durée maximale de six ans.

Le détachement maintient le contrat de travail tel qu'il était entre le salarié et son employeur. Il suffit donc de préciser dans l'avenant au contrat de travail les modalités du télétravail à l'étranger.

Dans le cadre du détachement, le salarié :

* travaille à l'étranger pour une durée limitée en nombre d'années pour une entreprise ayant son siège social en France ;
* garde son affiliation au régime de Sécurité sociale français, à ses caisses de retraite et à l'assurance chômage ;
* appartient à l'effectif de l'entreprise ;
* reste rémunéré par son employeur d'origine ;
* garde son contrat de travail.

Pour connaître le régime social applicable :

– Caisse primaire d'assurance des détachés :

Pôle Relations Clients
CPAM des Flandres
6, rue des Nieulles
BP 90121
59486 Armentières Cedex
Tél. : 36 46
Fax : 03 20 44 39 74
E-mail : contact.ameli@cpam-flandres.cnamts.fr
Horaires : du lundi au vendredi, de 8 h 15 à 12 h 15, et de 13 heures à 17 heures

– Pôle Gestion des risques professionnels

CPAM des Flandres
2, rue de la Batellerie
BP 4523
59386 Dunkerque Cedex

Tél. : 36 46
Fax: 03 28 26 38 87
E-mail : contact.ameli@cpam-flandres.cnamts.fr
Horaires : du lundi au vendredi, de 8 h 15 à 12 h 15, et de 13 h 15 à 16 h 45

L'expatriation

Dans le cadre de l'expatriation, le contrat de travail d'origine est suspendu pour mettre à disposition le salarié dans une société installée dans le pays d'accueil, par exemple une filiale à l'étranger. Un nouveau contrat de travail sera signé. La nouvelle entreprise et le salarié sont tenus de cotiser au régime de protection sociale du pays d'accueil. Le salarié peut compléter sa couverture sociale en adhérant à la Caisse des Français de l'étranger[1]. Dans ce cas, l'ANI du 19 juillet 2005 ne s'applique pas, au profit de la législation relative au télétravail en vigueur dans ce pays.

EN PRATIQUE

Pour la Sécurité sociale, il existe des conventions entre les pays d'accueil et la France, sachant que des dispositions spécifiques concernent l'UE (voir le Centre des liaisons européennes et internationales de sécurité sociale[2]). Pour les vaccinations obligatoires, le Comité d'informations médicales (CIMED)[3] présente l'ensemble des dispositions.

Les dispositions fiscales[4]

Les dispositions fiscales varient en fonction du domicile fiscal. Si le foyer (femme, concubin, enfants à charge) se situe en

---

1. http://www.cfe.fr
2. http://www.cleiss.fr
3. http://www.cimed.org
4. http://www.impots.gouv.fr

France, le domicile fiscal est situé dans l'Hexagone. En dehors du foyer fiscal précisé ci-dessus, et en règle générale, le domicile fiscal est celui où l'on passe le plus de temps dans une année en séjour principal.

Si ce domicile fiscal est hors de France, le salarié n'y est imposable que pour les revenus de source française. Donc s'il est détaché, il paie ses impôts sur le revenu en France.

Si le domicile fiscal est en France, le salarié est imposable sur tous les revenus, y compris ceux reçus à l'étranger.

Dans les deux cas, il peut bénéficier d'exonérations partielles.

EN PRATIQUE

Par exemple, en cas de prélèvement à la source de certaines rémunérations, ou si le salarié travaille sur des chantiers de construction ou de montage, d'installation d'ensembles industriels ou de leur mise en route, leur exploitation et son ingénierie, ou la recherche ou l'extraction de ressources naturelles, ou encore la navigation à bord de navires immatriculés au registre international français, l'exonération est totale. Elle peut être partielle pour des activités de prospection commerciale.

Attention : en l'absence de convention fiscale entre la France et le pays d'accueil où le salarié réside, ce dernier est redevable de l'impôt sur le revenu pour les deux pays. On parle de « double imposition » (voir la liste les conventions fiscales et leur contenu).

Pour toute information complémentaire, vous pouvez joindre la Maison des Français de l'étranger[1] ou l'Union des Français de l'étranger[2] :

---

1. http://www.mfe.org
2. http://www.ufe.org

Service des Impôts des particuliers des non-résidents
TSA 10010
10, rue du Centre
93465 Noisy-Le-Grand Cedex
Tél. : 01 57 33 83 00
Fax : 01 57 33 81 02 ou 01 57 33 81 03
E-mail : nonresidents@dgfip.finances.gouv.fr (précisez vos nom, prénoms, adresse et numéro fiscal, indiqué sur votre avis d'imposition).

Le télétravail est inéluctable

Dans son numéro de septembre 2013, le magazine *Management* proposait un article de fond intitulé « Comment vous bosserez dans dix ans ? », autrement dit en 2023. Ce que nous avancions au sein de l'Association française du télétravail et des Téléactivités depuis la fin des années 1990 se retrouvait développé dans ces lignes. Il n'y avait là rien de nouveau. Cela étant posé, le journaliste y parlait de « *télétravail généralisé* », d'espaces de *coworking*, d'effacement des barrières hiérarchiques, ou encore de management en mode projet. Pour la première fois, un journal indiquait que le télétravail serait généralisé dans la quasi-totalité des entreprises, évoquait les nouvelles organisations dues à son usage, présentait les nouveaux modes de management et plébiscitait la modification des rapports entre employeurs et salariés.

L'époque de la révolution postindustrielle se termine et la crise économique mondiale et européenne en est la manifestation. Celle du « numérique » et de « l'ère de la connaissance » est en route. Le télétravail, l'e-santé, l'e-formation, l'e-administration, l'e-commerce, l'e-partenariat, l'e-solidarité, les réseaux sociaux, et l'ensemble des outils et machines interconnectés vont bouleverser nos structures et nos organisations en même temps que nombre de paradigmes que l'on croyait acquis vont s'éteindre d'eux-mêmes. Les nouveaux outils, s'appuyant directement sur nos fonctions cognitives, vont bouleverser notre manière d'appréhender le monde dans son organisation issue du monde industriel. Il suffit de voir le rôle que jouent les smartphones dans les mouvements sociaux et politiques pour prendre conscience de l'importance des conséquences qui découlent de l'emploi de ces outils.

En juin 2013, la multinationale américaine Citrix a publié le résultat d'une étude commanditée auprès de YouGov Plc, portant sur le comportement des entreprises par rapport à l'usage des outils de mobilité dans l'entreprise. Ce n'était pas le télétravail comme système d'organisation qui était étudié, mais son préalable, à savoir l'usage des outils numériques par les collaborateurs dans l'entreprise : ordinateurs portables, smartphones et autres tablettes ou phablettes. L'échantillon interrogé était constitué de mille deux cent soixante-deux dirigeants d'entreprises de type PME (moins de deux cent cinquante salariés) avec la répartition suivante : Grande-Bretagne : deux cent un, États-Unis : deux cents, Australie : deux cent cinquante-trois, Allemagne : deux cent deux, France : deux cent un, Canada : deux cent cinq.

Le résultat de l'étude est sans appel. Dans 78 % des entreprises interrogées, les salariés utilisaient les appareils personnels ou les outils grand public du numérique. Dans une entreprise sur deux, la direction avait fourni des smartphones au personnel et des portables informatiques ou des tablettes.

Il apparaît également que c'est en France que ces outils numériques sont le plus plébiscités, avec 38 % des salariés qui revendiquent des conditions de travail plus flexibles et plus mobiles, 55 % des dirigeants déclarant que leurs salariés utilisent déjà leurs appareils personnels. De plus, 76 % des directeurs et managers se reposent sur leur smartphone,

35 % sur leur tablette. Parallèlement, 59 % des entreprises recourent à la vidéoconférence pour les réunions à distance.

Les préalables sont là. Les salariés et les hommes sont prêts, comme l'annonçaient Nicole Turbé-Suetens et Pierre Morel à l'Huissier dans leur ouvrage de mai 2010 (*Le télétravail en France*, Pearson). Le juridique est en place. Les outils du travail à distance sont plébiscités. Il reste encore à parfaire la sécurité informatique et à développer un management construit sur la confiance et la responsabilité de tous. Le télétravail deviendra alors une manière de travailler considérée comme normale.

Dès aujourd'hui, les administrations, les organisations et les différents modes de management, de commercialisation et de gouvernance doivent prendre la mesure les changements en cours. Que nos lecteurs soient convaincus qu'avec la révolution numérique et l'ère de la connaissance, rien ne sera plus comme avant.

Le développement du télétravail est inéluctable. D'ici à 2025, il deviendra le mode de travail du plus grand nombre, sachant que le nomadisme et le mode en alternance ou pendulaire seront ses formes les plus courantes.

Nous espérons que cet ouvrage aura répondu à toutes les questions que vous pouviez vous poser.

Annexes

Texte du Code du travail portant sur le télétravail

Section 4 : Télétravail

– Article L. 1222-9

Créé par loi n° 2012-387 du 22 mars 2012 - art. 46

Sans préjudice de l'application, s'il y a lieu, des dispositions du présent code protégeant les travailleurs à domicile, le télétravail désigne toute forme d'organisation du travail dans laquelle un travail qui aurait également pu être exécuté dans les locaux de l'employeur est effectué par un salarié hors de ces locaux de façon régulière et volontaire en utilisant les technologies de l'information et de la communication dans le cadre d'un contrat de travail ou d'un avenant à celui-ci.

Le télétravailleur désigne toute personne salariée de l'entreprise qui effectue, soit dès l'embauche, soit ultérieurement, du télétravail tel que défini au premier alinéa.

Le refus d'accepter un poste de télétravailleur n'est pas un motif de rupture du contrat de travail.

Le contrat de travail ou son avenant précise les conditions de passage en télétravail et les conditions de retour à une exécution du contrat de travail sans télétravail.

À défaut d'accord collectif applicable, le contrat de travail ou son avenant précise les modalités de contrôle du temps de travail.

– Article L. 1222-10

Créé par loi n° 2012-387 du 22 mars 2012 - art. 46

Outre ses obligations de droit commun vis-à-vis de ses salariés, l'employeur est tenu à l'égard du salarié en télétravail :

1° De prendre en charge tous les coûts découlant directement de l'exercice du télétravail, notamment le coût des matériels, logiciels, abonnements, communications et outils ainsi que de la maintenance de ceux-ci ;

2° D'informer le salarié de toute restriction à l'usage d'équipements ou outils informatiques ou de services de communication électronique et des sanctions en cas de non-respect de telles restrictions ;

3° De lui donner priorité pour occuper ou reprendre un poste sans télétravail qui correspond à ses qualifications et compétences professionnelles et de porter à sa connaissance la disponibilité de tout poste de cette nature ;

4° D'organiser chaque année un entretien qui porte notamment sur les conditions d'activité du salarié et sa charge de travail ;

5° De fixer, en concertation avec lui, les plages horaires durant lesquelles il peut habituellement le contacter.

– Article L. 1222-11

Créé par loi n° 2012-387 du 22 mars 2012 - art. 46

En cas de circonstances exceptionnelles, notamment de menace d'épidémie, ou en cas de force majeure, la mise en œuvre du télétravail peut être considérée comme un aménagement du poste de travail rendu nécessaire pour permettre la continuité de l'activité de l'entreprise et garantir la protection des salariés. Les conditions et les modalités d'application du présent article sont définies par décret en Conseil d'État.

Accord National Interprofessionnel du 19 juillet 2005 portant sur le télétravail (dit ANI du 19 juillet 2005)

Mise en garde : le contenu de cet accord s'applique intégralement pour toutes les organisations représentées au sein du Medef, de la CGPME, et de l'UPA. Pour les organisations non représentées comme les professions libérales, les entreprises agricoles, les entreprises du spectacle, certaines associations, les textes qui suivent peuvent servir de base aux négociations permettant de mettre au point un accord interne ou un avenant au contrat de travail.

Préambule

Les partenaires sociaux européens, UNICE, UEAPME et CEEP d'une part, et CES (et le comité de liaison EUROCADRES/ CEC) d'autre part, ont conclu le 16 juillet 2002 un accord-cadre sur le télétravail. Cet accord prévoit que le cadre général qu'il établit au niveau européen doit être mis en œuvre par les organisations membres des parties signataires, conformément aux procédures et aux pratiques nationales spécifiques aux partenaires sociaux. Soucieuses de donner corps à l'engagement pris paritairement au niveau européen, les organisations soussignées ont entendu procéder à cette mise en œuvre en concluant le présent accord.

Elles expriment à cette occasion leur volonté de donner une traduction concrète à l'approche nouvelle du dialogue social européen que constituent les « accords volontaires ». Elles entendent ainsi privilégier la voie conventionnelle pour transcrire en droit interne les textes européens.

Considérant que le télétravail constitue à la fois un moyen pour les entreprises de moderniser l'organisation du travail et un moyen pour les salariés de concilier vie professionnelle et vie sociale et de leur donner une plus grande autonomie dans l'accomplissement de leurs tâches ;

considérant que pour tirer le meilleur parti du développement des technologies de l'information et de la communication, cette forme d'organisation du travail doit allier sa souplesse à la sécurité des salariés de sorte que la qualité des emplois soit accrue et que, notamment, les possibilités offertes aux personnes handicapées sur le marché du travail soient renforcées tant en matière d'insertion que de maintien dans l'emploi ;

considérant que le télétravail peut constituer un facteur de développement économique et une opportunité pour l'aménagement du territoire de nature à favoriser l'emploi et à lutter contre la « désertification » de certains territoires ;

constatant que le télétravail peut revêtir différentes formes (télétravail à domicile, télétravail nomade, etc.) et répondre à des objectifs variés tant pour les entreprises que pour les salariés (conciliation de la vie familiale et de la vie professionnelle, modernisation de l'organisation du travail, organisation spécifique, etc.) ; les signataires du présent accord ont arrêté les dispositions ci-après :

Article 1 – Définition

Le télétravail est une forme d'organisation et/ou de réalisation du travail utilisant les technologies de l'information dans le cadre d'un contrat de travail et dans laquelle un travail, qui aurait également pu être réalisé dans les locaux de l'employeur, est effectué hors de ces locaux de façon régulière.

Cette définition du télétravail permet d'englober différentes formes de télétravail régulier répondant à un large éventail de situations et de pratiques sujettes à des évolutions rapides. Elle inclut les salariés « nomades », mais le fait de travailler à l'extérieur des locaux de l'entreprise ne suffit pas à conférer à un salarié la qualité de télétravailleur.

Le caractère régulier exigé par la définition n'implique pas que le travail doit être réalisé en totalité hors de l'entreprise, et n'exclut donc pas les formes alternant travail dans l'entreprise et travail hors de l'entreprise.

On entend par télétravailleur, au sens du présent accord, toute personne salariée de l'entreprise qui effectue, soit dès l'embauche, soit ultérieurement, du télétravail tel que défini ci-dessus ou dans des conditions adaptées par un accord de branche ou d'entreprise en fonction de la réalité de leur champ et précisant les catégories de salariés concernés.

Article 2 – Caractère volontaire

Le télétravail revêt un caractère volontaire pour le salarié et l'employeur concernés.

Le télétravail peut faire partie des conditions d'embauche du salarié ou être mis en place, par la suite, sur la base du volontariat. Dans ce cas, il doit faire l'objet d'un avenant au contrat de travail.

Si un salarié exprime le désir d'opter pour un télétravail, l'employeur peut, après examen, accepter ou refuser cette demande.

Dans tous les cas, l'employeur fournit par écrit au télétravailleur l'ensemble des informations relatives aux conditions d'exécution du travail, y compris les informations spécifiques à la pratique du télétravail telles que le rattachement hiérarchique, les modalités d'évaluation de la charge de travail, les modalités de compte rendu et de liaison avec l'entreprise, ainsi que celles relatives aux équipements, à leurs règles d'utilisation, à leur coût et aux assurances, etc. Le passage au télétravail, en tant que tel, parce qu'il modifie uniquement la manière dont le travail est effectué, n'affecte pas la qualité de salarié du télétravailleur.

Le refus d'un salarié d'accepter un poste de télétravailleur n'est pas, en soi, un motif de rupture de son contrat de travail.

En cas d'accord pour passer au télétravail, une période d'adaptation est aménagée pendant laquelle chacune des parties peut mettre fin à cette forme d'organisation du travail moyennant un délai de prévenance préalablement défini. Le salarié retrouve alors un poste dans les locaux de l'entreprise correspondant à sa qualification.

Article 3 – Réversibilité et insertion

Si le télétravail ne fait pas partie des conditions d'embauche, l'employeur et le salarié peuvent, à l'initiative de l'un ou de l'autre, convenir par accord d'y mettre fin et d'organiser le retour du salarié dans les locaux de l'entreprise. Les modalités de cette réversibilité sont établies par accord individuel et/ou collectif.

Si le télétravail fait partie des conditions d'embauche, le salarié peut ultérieurement postuler à tout emploi vacant, s'exerçant dans les locaux de l'entreprise et correspondant à sa qualification. Il bénéficie d'une priorité d'accès à ce poste.

Article 4 – Conditions d'emploi

Les télétravailleurs bénéficient des mêmes droits et avantages légaux et conventionnels que ceux applicables aux salariés en situation comparable travaillant dans les locaux de l'entreprise. Cependant, pour tenir compte des particularités du télétravail, des accords spécifiques complémentaires collectifs et/ou individuels peuvent être conclus.

Article 5 – Protection des données

Il incombe à l'employeur de prendre, dans le respect des prescriptions de la Cnil, les mesures qui s'imposent pour assurer la protection des données utilisées et traitées par le télétravailleur à des fins professionnelles.

L'employeur informe le télétravailleur des dispositions légales et des règles propres à l'entreprise relatives à la protection de ces données et à leur confidentialité. Il l'informe également :

* de toute restriction à l'usage des équipements ou outils informatiques comme l'Internet et, en particulier, de l'interdiction de rassembler et de diffuser des matériels illicites *via* l'Internet ;
* des sanctions en cas de non-respect des règles applicables.

Il incombe au télétravailleur de se conformer à ces règles.

Article 6 – Vie privée

L'employeur est tenu de respecter la vie privée du télétravailleur. À cet effet, il fixe, en concertation avec le salarié, les plages horaires durant lesquelles il peut le contacter. Si un moyen de surveillance est mis en place, il doit être pertinent et proportionné à l'objectif poursuivi et le télétravailleur doit en être informé.

La mise en place, par l'employeur, de tels moyens doit faire l'objet d'une information et d'une consultation préalable du comité d'entreprise ou, à défaut, des délégués du personnel dans les entreprises qui en sont dotées.

Article 7 – Équipements de travail

Sous réserve, lorsque le télétravail s'exerce à domicile, de la conformité des installations électriques et des lieux de travail, l'employeur fournit, installe et entretient les équipements nécessaires au télétravail. Si, exceptionnellement, le télétravailleur utilise son propre équipement, l'employeur en assure l'adaptation et l'entretien. L'employeur prend en charge, dans tous les cas, les coûts directement engendrés par ce travail, en particulier ceux liés aux communications. L'employeur fournit au télétravailleur un service approprié d'appui technique. L'employeur assume la responsabilité, conformément aux dispositions en vigueur, des coûts liés à la perte ou à la détérioration des équipements et des données utilisés par le télétravailleur.

En cas de panne ou de mauvais fonctionnement des équipements de travail, le télétravailleur doit en aviser immédiatement l'entreprise suivant les modalités fixées par celle-ci. Le télétravailleur prend soin des équipements qui lui sont confiés.

Article 8 – Santé et sécurité

Les dispositions légales et conventionnelles relatives à la santé et la sécurité au travail sont applicables aux télétravailleurs. L'employeur doit veiller à leur strict respect.

L'employeur informe le télétravailleur de la politique de l'entreprise en matière de santé et de sécurité au travail, en particulier des règles relatives à l'utilisation des écrans de visualisation. Le télétravailleur est tenu de respecter et d'appliquer correctement ces politiques de sécurité.

Afin de vérifier la bonne application des dispositions applicables en matière de santé et de sécurité au travail, l'employeur, les représentants du personnel compétents en matière d'hygiène et de sécurité (CHSCT ou délégués du personnel dans les entreprises qui en sont dotées) et les autorités administratives compétentes ont accès au lieu du télétravail suivant les modalités prévues par les dispositions légales et conventionnelles en vigueur. Si le télétravailleur exerce son activité à son domicile, cet accès est subordonné à une notification à l'intéressé qui doit préalablement donner son accord. Le télétravailleur est autorisé à demander une visite d'inspection.

Article 9 – Organisation du travail

Le télétravailleur gère l'organisation de son temps de travail dans le cadre de la législation, des conventions collectives et règles d'entreprise applicables. La charge de travail, les normes de production et les critères de résultats exigés du télétravailleur doivent être équivalents à ceux des salariés en situation comparable travaillant dans les locaux de l'employeur. Des points de repères moyens identiques à ceux utilisés dans l'entreprise sont donnés au télétravailleur. La charge de travail et les délais d'exécution, évalués suivant les mêmes méthodes que celles utilisées pour les travaux exécutés dans les locaux de l'entreprise, doivent, en particulier, permettre au télétravailleur de respecter la législation relative à la durée du travail et tout spécialement la durée maximale du travail et les temps de repos.

L'employeur s'assure que des mesures sont prises pour prévenir l'isolement du télétravailleur par rapport aux autres salariés de l'entreprise. À cet effet, le télétravailleur doit pouvoir rencontrer régulièrement sa hiérarchie. Il est souhaitable que l'employeur désigne, dans cette perspective, un référent.

Le télétravailleur doit également avoir la possibilité de rencontrer régulièrement ses collègues et avoir accès aux informations et aux activités sociales de l'entreprise. Il bénéficie des mêmes entretiens professionnels que les autres salariés de l'entreprise. Il est soumis aux mêmes politiques d'évaluation que ces autres salariés.

Article 10 – Formation

Les télétravailleurs ont le même accès à la formation et aux possibilités de déroulement de carrière que des salariés en situation comparable qui travaillent dans les locaux de l'employeur.

Les télétravailleurs reçoivent, en outre, une formation appropriée, ciblée sur les équipements techniques à leur disposition et sur les caractéristiques de cette forme d'organisation du travail. Le responsable hiérarchique et les collègues directs des télétravailleurs doivent également pouvoir bénéficier d'une formation à cette forme de travail et à sa gestion.

Article 11 – Droits collectifs

Les télétravailleurs ont les mêmes droits collectifs que les salariés qui travaillent dans les locaux de l'entreprise, notamment en ce qui concerne leurs relations avec les représentants du personnel et l'accès aux informations syndicales, y compris par les Intranet syndicaux dans les mêmes conditions que les autres salariés.

Ils bénéficient des mêmes conditions de participation et d'éligibilité aux élections pour les instances représentatives du personnel. Les télétravailleurs font partie, au même titre que les autres salariés, des effectifs de l'entreprise pris en compte pour la détermination des seuils. L'établissement auquel le télétravailleur sera rattaché afin d'exercer ses droits collectifs est précisé dans le document prévu à l'article 2 ci-dessus. Le comité d'entreprise ou, à défaut, les délégués du personnel dans les entreprises qui en sont dotées sont informés et consultés sur l'introduction du télétravail et les éventuelles modifications qui lui seraient apportées. Les télétravailleurs sont identifiés comme tels sur le registre unique du personnel.

Article 12 – Application

La définition du télétravail visée au 1er alinéa de l'article 1 du présent accord ne peut faire l'objet d'une dérogation. Il ne peut être dérogé, pour son application, aux dispositions des articles 2, 4, 6, 8, 9, 10 et 11 ci-dessus.

Il ne peut également être dérogé au principe de réversibilité et d'insertion posé par l'article 3 ci-dessus, ni au 1er alinéa de l'article 7, dont les modalités de mise en œuvre peuvent être adaptées par accord collectif en fonction des caractéristiques de la branche ou de l'entreprise.

Article 13 – Suivi

Les signataires du présent accord informeront les organisations européennes, signataires de l'accord-cadre du 16 juillet 2002, dont elles sont membres, des résultats des présentes négociations et des modalités d'application de l'accord-cadre européen qu'elles ont décidées selon les dispositions de l'article 12 dudit accord.

Article 14 – Extension

L'extension du présent accord sera demandée à l'initiative de la partie signataire la plus diligente.

Fait à Paris, le 19 juillet 2005

Arrêté du 30 mai 2006 portant extension de l'Accord National Interprofessionnel relatif au télétravail

Annexe

JORF n° 132 du 9 juin 2006 page 8771

ARRÊTÉ

NOR : SOCT0611193A

Le ministre de l'Emploi, de la Cohésion sociale et du Logement,

Arrête :

Article 1

Sont rendues obligatoires, pour tous les employeurs et tous les salariés compris dans son champ d'application, les dispositions de l'Accord national interprofessionnel du 19 juillet 2005 relatif au télétravail.

Les premier et deuxième alinéas sont étendus sous réserve de l'application des dispositions de l'article L. 212-1-1 du Code du travail, aux termes desquelles il appartient à l'employeur de veiller au respect de la réglementation sur le temps de travail, notamment en s'assurant de la fiabilité du système de décompte des heures supplémentaires, même si le salarié gère librement ses horaires de travail.

Article 2

L'extension des effets et sanctions de l'Accord national interprofessionnel susvisé est faite à dater de la publication du présent arrêté pour la durée restant à courir et aux conditions prévues par ledit Accord.

Article 3

Le directeur des relations du travail est chargé de l'exécution du présent arrêté, qui sera publié au *Journal officiel* de la République française.

Fait à Paris, le 30 mai 2006.

Texte de loi portant sur le télétravail dans la fonction publique

Loi n° 2012-347 du 12 mars 2012 relative à l'accès à l'emploi titulaire et à l'amélioration des conditions d'emploi des agents contractuels dans la fonction publique, à la lutte contre les discriminations et portant diverses dispositions relatives à la fonction publique.

Article 133

Les fonctionnaires relevant de la loi n° 83-634 du 13 juillet 1983 portant droits et obligations des fonctionnaires peuvent exercer leurs fonctions dans le cadre du télétravail tel qu'il est défini au premier alinéa de l'article L. 1222-9 du Code du travail. L'exercice des fonctions en télétravail est accordé à la demande du fonctionnaire et après accord du chef de service. Il peut y être mis fin à tout moment, sous réserve d'un délai de prévenance. Les fonctionnaires télétravailleurs bénéficient des droits prévus par la législation et la réglementation applicables aux agents exerçant leurs fonctions dans les locaux de leur employeur public.

Le présent article est applicable aux agents publics non fonctionnaires et aux magistrats.

Un décret en Conseil d'État fixe, après concertation avec les organisations syndicales représentatives de la fonction publique, les conditions d'application du présent article, notamment en ce qui concerne les modalités d'organisation du télétravail.

Réponse officielle de la Commission nationale des titres-restaurants adressée à l'AFTT

Vous avez souhaité obtenir l'avis de la Commission nationale des titres-restaurants quant à l'attribution des titres-restaurants aux salariés exerçant leur activité professionnelle en télétravail à domicile.

Je souhaite tout d'abord vous préciser les principes généraux retenus par la Commission pour l'attribution de titres-restaurants aux salariés.

Le législateur a souhaité par l'institution du système du titre-restaurant, d'une part offrir aux employeurs une alternative à leur obligation de prise en charge de la restauration de leur personnel sur le lieu de travail, telle qu'elle découle de l'article R. 4228-19 du Code du travail, et d'autre part permettre aux salariés ne disposant pas dans leur entreprise d'une structure de restauration collective (cantine, restaurant d'entreprise) d'acquitter en tout ou partie le prix de repas consommés au restaurant ou achetés auprès d'un détaillant en fruits et légumes ou d'un organisme assimilé restaurateur (article L. 3262-1 du Code du travail).

L'incidence de l'horaire de travail sur l'attribution de titres-restaurants à un salarié travaillant dans les locaux de l'entreprise doit être appréciée en considération de l'article R. 3262-7 du Code du travail qui dispose qu'un « *même salarié ne peut recevoir qu'un titre-restaurant par repas compris dans son horaire de travail journalier* ». Concrètement, cela implique que la journée de travail du salarié soit organisée en deux vacations entrecoupées d'une pause consacrée au repas.

En ce qui concerne les télétravailleurs, l'Accord national interprofessionnel du 19 juillet 2005 sur le télétravail dispose dans son article 4 que ces derniers « *bénéficient des mêmes droits et avan-*

tages légaux et conventionnels que ceux applicables aux salariés en situation comparable travaillant dans les locaux de l'entreprise ».

L'article 9 de ce même Accord national interprofessionnel du 19 juillet 2005 dispose que « *le télétravailleur gère l'organisation de son temps de travail dans le cadre de la législation, des conventions collectives et règles d'entreprise applicables. La charge de travail, les normes de production et les critères de résultats exigés du télétravailleur doivent être équivalents à ceux des salariés en situation comparable travaillant dans les locaux de l'entreprise. Des points de repère moyens identiques à ceux utilisés dans l'entreprise sont donnés au télétravailleur. La charge de travail et les délais d'exécution, évalués suivant les mêmes méthodes que celles utilisées pour les travaux exécutés dans les locaux de l'entreprise, doivent, en particulier, permettre au télétravailleur de respecter la législation relative à la durée du travail et tout spécialement la durée maximale du travail et les temps de repos ».*

Compte tenu de ce qui précède, la Commission estime, sous réserve de l'appréciation souveraine des tribunaux :

- au regard de l'article 4 de l'Accord national interprofessionnel et en application du principe d'équité, que si les travailleurs de l'entreprise bénéficient de titres-restaurants, il puisse en être de même pour les télétravailleurs à domicile ;

- que s'il peut être admis que la mise en place du télétravail a modifié en profondeur l'organisation et la réalisation même du travail, les conditions de travail du télétravailleur doivent être équivalentes à celles requises pour l'attribution de titres-restaurants aux salariés travaillant dans les locaux de l'entreprise : une journée organisée en deux vacations entrecoupées d'une pause réservée à la prise d'un repas.

Il convient de préciser qu'il est souhaitable que soient définies dans un contrat de travail ou un accord d'entreprise les modalités d'exécution du télétravail et que ces dernières soient vérifiables afin de pouvoir justifier de l'application des principes retenus pour l'attribution des titres-restaurants.

Le secrétaire général

Check-list des différents points faisant l'objet des négociations débouchant sur un accord

1. Les services et les fonctions concernés par le télétravail

Certaines catégories peuvent être exclues, par exemple les personnes n'ayant pas suffisamment d'ancienneté. Quels sont les établissements concernés, s'il y a lieu ?

2. La définition du télétravail pour l'entreprise

On peut reprendre la définition de l'ANI du 19 juillet 2005 ou du Code du travail.

3. Le mode de télétravail

S'il est organisé en alternance : nombre de jours en télétravail ; télétravail aléatoire en fonction des tâches à effectuer, etc.

4. Si l'accord est signé pour une première expérimentation du télétravail par un établissement ou par l'entreprise dans son ensemble

Quelle sera la durée de cette expérimentation ?

Y aura-t-il un groupe pilote ou des services concernés pour expérimenter ? Si oui, lesquels ?

5. Quelle sera la durée de la période d'adaptation pour chacun des télétravailleurs ?

Il faut préciser la durée de la période d'adaptation pendant laquelle chacune des parties peut mettre fin au télétravail et le délai de prévenance.

En cas de passage au télétravail en cours de contrat, la durée de la période d'adaptation se situe fréquemment autour de deux ou trois mois.

En cas d'embauche en télétravail, cette période d'adaptation ne doit pas excéder la durée de la période d'essai, renouvellement éventuel inclus.

6. Le rattachement

Quel sera le lieu de rattachement du télétravailleur en cas d'embauche ou de suppression de locaux ?

7. La réversibilité

C'est un point important des négociations, rendu obligatoire par le Code du travail. Il s'agit de savoir dans quels cas la réversibilité dans les locaux de l'employeur nécessite l'accord des deux parties et dans quels cas et pour quelles causes elle peut être demandée de droit par l'employeur (type de travail et charge) ou par le salarié (naissance d'un enfant empêchant d'utiliser la pièce bureau convertie en chambre, par exemple).

8. La ou les plages horaires pendant lesquelles le salarié pourra être joint

Attention : ces plages horaires doivent respecter la vie privée. Sinon, sont-elles indiquées sur l'agenda partagé ?

9. Les conditions d'indemnisation des frais professionnels inhérents à l'utilisation du domicile du salarié comme lieu de travail

Que prend en charge l'employeur ? L'abonnement à Internet, les frais d'électricité, de chauffage, etc. ?

10. Les conditions d'indemnisation ou de mise à disposition et de restitution du matériel professionnel

Il s'agit de préciser les conditions d'indemnisation ou de mise à disposition et de restitution du matériel professionnel nécessaire (documentation, fournitures, matériel informatique, raccordement au réseau, etc.), du mobilier tel que la chaise ou le fauteuil ergonomique, etc.

11. La maintenance

Qui assurera la maintenance et le dépannage ?

Quelles sont les procédures envisagées ?

12. Les sécurités informatiques

Quelles sécurités sont mises en place ?

L'ordinateur peut-il être utilisé à des fins personnelles ou non ?

13. Les « mouchards » informatiques

Un logiciel de surveillance est-il installé sur le système d'information ? Si oui, lequel et quelles sont ses fonctionnalités ?

14. La pointeuse virtuelle

Quels seront son type et son système ?

15. La conformité électrique de la pièce servant de lieu de travail au domicile du télétravailleur

L'employeur demandera-t-il l'établissement d'un certificat de conformité électrique Norme NF C15-100 de décembre 2002 ?

Par quel organisme de contrôle ?

16. Les assurances

Que doit fournir le télétravailleur s'il travaille à son domicile ?

Quelles sont les assurances prises par l'employeur ?

17. Les formations

Quelles sont les formations mises en place pour les télétravailleurs ?

Pour les N + 1 ?

Pour tous en cas d'équipe mixte ?

18. Les modifications du règlement intérieur

Quels sont les points modifiés pour tenir compte du télétravail ?

Les arrêts de la Cour de cassation précisant les dispositions juridiques applicables au télétravail

L'employeur ne peut imposer au salarié de travailler à son domicile

(Cass. soc., 2 mai 2001, n° 99-42-727 ; Abraham c/ SA Zurich assurances)

« Attendu, cependant, que le salarié n'est tenu ni d'accepter de travailler à son domicile, ni d'y installer ses dossiers et ses instruments de travail.

Qu'en statuant comme elle l'a fait, alors que l'ordre donné à M. X… en 1992, après la suppression du bureau dont il disposait à la délégation régionale de Marseille, d'installer à son domicile personnel un téléphone professionnel et des dossiers, constitue une modification unilatérale de son contrat autorisant le salarié à prendre acte d'une rupture du contrat s'analysant en un licenciement. »

L'employeur ne peut pas imposer au salarié en télétravail de retourner dans les locaux de l'entreprise sans son consentement

(Cass. soc., 31 mai 2006, n° 04-43.592 ; tiré de http://www. droit-technologie.org)

Dans cette affaire, une salariée responsable de communication était convenue avec son employeur après un détachement de plusieurs années au sein d'une filiale, d'exercer ses fonctions à partir de son domicile situé dans les Pyrénées-Orientales, la société prenant à sa charge les frais de déplacement nécessités par un aller-retour hebdomadaire au siège social établi en région parisienne. Toutefois, la société demande à sa salariée après quelques mois de reprendre ses fonctions de manière permanente dans les locaux de l'entreprise. Devant le refus de cette dernière de mettre fin à son exercice à domicile, elle la licencie pour faute grave.

La chambre sociale de la Cour de cassation voit dans ce litige une occasion de rappeler clairement un principe : « *Lorsque les parties sont convenues d'une exécution de tout ou partie de la prestation de travail par le salarié à son domicile, l'employeur ne peut modifier cette organisation contractuelle du travail sans l'accord du salarié.* »

La haute juridiction approuve ainsi la cour d'appel de Versailles, qui, après avoir constaté que « *tant lors de son détachement dans la société filiale qu'à son retour dans la maison mère, les parties étaient convenues que la salariée effectuerait, aux frais de l'employeur, son travail à son domicile deux jours par semaine* », a jugé que « *le fait pour l'employeur de lui imposer de travailler désormais tous les jours de la semaine au siège de la société constituait, peu important l'existence d'une clause de mobilité, une modification du contrat de travail que la salariée était en droit de refuser* ».

L'arrêt de la Cour de cassation du 31 mai 2006 vient ainsi confirmer un principe solidement établi selon lequel l'employeur ne peut unilatéralement imposer au travailleur à domicile d'exercer ses fonctions au siège de l'entreprise.

Un tel raisonnement doit d'ailleurs s'appliquer également à la situation inverse, dans la mesure où « *le salarié n'est tenu ni d'accepter de travailler à son domicile, ni d'y installer ses dossiers et ses instruments de travail* » (Cass. soc., 2 octobre 2001, n° 99-42.727, voir ci-dessus).

Cet arrêt est totalement conforme avec l'article 3 de l'ANI du 19 juillet 2005 : « *Si le télétravail ne fait pas partie des conditions d'embauche, l'employeur et le salarié peuvent, à l'initiative de l'un ou de l'autre, convenir par accord d'y mettre fin et d'organiser le retour du salarié dans les locaux de l'entreprise. Les modalités de cette réversibilité sont établies par accord individuel et/ou collectif.* »

(Arrêt de la Cour de cassation, chambre sociale du 7 avril 2010)

Un certain nombre de responsables marketing et distribution de la société Nestlé Waters saisissent les prud'hommes pour obtenir le paiement d'une indemnité pour les frais occasionnés par le travail effectué à leur domicile privé. Nestlé Waters conteste le bien-fondé de cette demande.

Pour Nestlé, le fait de travailler chez soi, qui est connu par le salarié à la signature du contrat de travail, constitue une modalité d'exécution du travail présente dans l'économie du contrat de travail et n'a pas à donner lieu à une indemnisation au titre des frais professionnels, l'employeur, suivant ses dires, devant seulement prendre en charge les frais engagés par le travail lui-même : matériel informatique, téléphone, connexion Internet. Cette argumentation a été rejetée par la Cour de cassation dans les termes suivants : « *Attendu, ensuite, que l'occupation, à la demande de l'employeur, du domicile du salarié à des fins professionnelles constitue une immixtion dans la vie privée de celui-ci et n'entre pas dans l'économie générale du contrat de travail ; que si le salarié, qui n'est tenu ni d'accepter de travailler à son domicile, ni d'y installer ses dossiers et ses instruments de travail, accède à la demande de son employeur, ce dernier doit l'indemniser de cette sujétion particulière, ainsi que des frais engendrés par l'occupation à titre professionnel du domicile.* »

Ce jugement vient corroborer le fait qu'il doit exister une indemnité réelle des frais pris en charge par l'employeur pour ceux occasionnés au domicile du salarié, comme le prévoit l'ANI du 19 juillet 2005 en son article 7 : « *Sous réserve, lorsque le télétravail s'exerce à domicile [...] L'employeur prend en charge, dans tous les cas, les coûts directement engendrés par ce travail...* »

Confirmation du dédommagement que doit verser l'employeur quand il impose le télétravail au domicile du salarié

Pour faire face à la crise, certains employeurs demandent à leurs technico-commerciaux de travailler depuis leur domicile lorsque ceux-ci exercent leur activité de façon permanente en dehors de la région de leur siège. Ils cessent ainsi de payer la location de locaux supplémentaires. Les salariés concernés devraient être considérés comme des télétravailleurs et par conséquent avoir signé un avenant au contrat de travail, ou un contrat de travail caractérisant le télétravail. Ce texte juridique devrait mentionner que le lieu de travail est le domicile du salarié, et préciser le montant de l'indemnité auquel ce dernier a droit pour couvrir les frais relatifs au domicile.

Pourtant, certains employeurs n'appliquent pas la loi, comme le rappelle la cour d'appel de Paris (CA Paris, 6 septembre 2011, n° 09/06075). Dans cette affaire, une entreprise vosgienne avait embauché un salarié à Paris. Verbalement, elle lui avait demandé d'exercer ses activités à partir de son domicile. Elle lui payait un ordinateur portable, la ligne Internet et le téléphone. Après quelques mois d'activité, le salarié a estimé que ces remboursements étaient loin de compenser la sujétion imposée par son employeur. Il a réclamé une indemnité complémentaire de 3 600 euros qui lui a été accordée par la cour d'appel. Celle-ci a repris le texte de l'arrêt de la Cour de cassation du 7 avril 2010 dit « arrêt Nestlé » pour justifier de sa décision.

Respect de la vie privée

L'arrêt Nikon du 2 octobre 2001, émis par la chambre sociale de la Cour de cassation (n° 4164), vise tous les salariés et en particulier la confidentialité de la messagerie électronique des salariés : « *Le salarié a droit, même au temps et au lieu de travail, au respect de l'intimité de sa vie privée ; [...] l'employeur ne peut [...] prendre connaissance des messages personnels émis par le salarié et reçus par lui grâce à un outil informatique mis à sa disposition pour son travail.* » C'est pourquoi le salarié doit indiquer systématiquement le mot « perso » dans l'objet de ses e-mails privés.

Cet arrêt est complété par celui du 17 mai 2005 (n° 03-40.017), dans lequel la Cour de cassation précise : « *L'employeur ne peut ouvrir les fichiers identifiés par le salarié comme personnels contenus sur le disque dur de l'ordinateur mis à sa disposition qu'en présence de ce dernier ou celui-ci dûment appelé... »*

Mettre en télétravail un salarié atteint d'un handicap permet de ne pas rompre le contrat de travail en cas de difficultés de déplacement domicile-travail

(Cass. soc. 15 février 2011 - N° 09-73005)

« Attendu, selon l'arrêt attaqué, que M. X..., travailleur handicapé catégorie A, pour une durée de cinq années, à compter du 19 mars 1995, a été engagé le 8 octobre 1996 par la société SEGILOG en qualité de développeur informatique ; que par avenant du 3 septembre 2001, le salarié s'est vu reconnaître le statut cadre ; qu'une clause de non-concurrence d'une durée de deux années a été insérée à son contrat sans contrepartie financière ; qu'après plusieurs arrêts de travail pour maladie, le médecin du travail l'a déclaré le 12 septembre 2006 apte à son emploi en préconisant un fauteuil avec soutien lombaire ; qu'après un nouvel arrêt de travail à compter d'octobre 2006, le salarié a été déclaré, après deux examens médicaux des 4 et 19 décembre 2007, "inapte à son poste actuel mais apte à un poste, sans déplacement en voiture, sans station assise prolongée (nécessité de station debout dynamique intermittente), avec siège ergonomique ; un poste privilégiant le télétravail ou poste sédentaire, à temps partiel, peut par exemple être proposé" ; qu'il a été licencié le 28 janvier 2008 pour inaptitude et impossibilité de reclassement ;

Attendu que pour débouter M. X… de ses demandes en paiement d'indemnités de rupture et de dommages-intérêts pour licenciement sans cause réelle et sérieuse, l'arrêt retient que les très grandes contraintes apportées à l'emploi pouvant être occupé n'ont pas permis de trouver un emploi dans l'entreprise, tous les métiers requérant une station debout (agent d'entretien), une station assise prolongée (standardiste), de nombreux déplacements et de la concentration (techniciens formateurs), une station assise, de la concentration et des déplacements (techniciens développeurs), de nombreux déplacements et de la concentration (conseiller technique), de la station assise, des déplacements et de la concentration (personnel administratif, financier ou commercial) ;

Qu'en statuant ainsi, alors que le médecin du travail avait déclaré le salarié inapte au poste actuel mais apte sous les conditions cumulatives suivantes : sans déplacements en voiture en clientèle, sans station assise prolongée (nécessité de station debout dynamique intermittente), avec siège ergonomique, un poste privilégiant le télétravail ou poste sédentaire à temps partiel, la cour d'appel, qui a apprécié l'aptitude du salarié à occuper un poste au regard d'une restriction liée à sa concentration alors que l'avis du médecin du travail ne faisait pas état d'une telle restriction, a violé le texte susvisé ;

Condamne la société Sogilog aux dépens. »

Le télétravail exceptionnel peut devenir un élément essentiel du contrat de travail

Arrêt de cassation partielle de la chambre sociale de la Cour de cassation, rendu le 4 avril 2012 (n° 11-10628)

Selon cet arrêt, si l'employeur se place sur le terrain de la modification du contrat de travail, en appliquant la procédure prévue à l'article L. 1222-6 du Code du travail, le télétravail exceptionnel, devenu une habitude, peut constituer un élément essentiel du contrat de travail, dont la modification nécessite l'accord préalable du salarié. En admettant que la proposition de changement des conditions de travail modifiait le contrat de travail, l'employeur ne pouvait procéder au licenciement du salarié en raison de son refus de voir la clause de son contrat de travail lui permettant d'effectuer du télétravail à domicile supprimée.

Sur le moyen unique :

Vu les articles 1134 du Code civil, L. 1221-1 et L. 1232-1 du Code du travail ;

« Attendu, selon l'arrêt attaqué, que Mme X… a été engagée le 22 juin 2004 par la société Lundbeck en qualité de responsable du parc automobile et téléphonie mobile ; que son contrat de travail prévoyait qu'elle exercerait ses fonctions au siège de l'entreprise à Paris et qu'à titre exceptionnel, elle pourrait travailler à son domicile, dans le Lot-et-Garonne, sous réserve de l'autorisation préalable de sa hiérarchie ; que par lettre du 7 juin 2007, elle a été informée que sa présence au siège du lundi au vendredi étant nécessaire, la possibilité de travailler à domicile serait supprimée à partir du 1er septembre ; qu'ayant refusé la suppression de cette clause, la salariée a été licenciée le 17 septembre 2007 avec dispense de préavis au motif de ce refus ; qu'elle a saisi la juridiction prud'homale d'une demande de dommages-intérêts pour licenciement sans cause réelle et sérieuse ;

Attendu que pour débouter la salariée de sa demande, l'arrêt retient que bien que l'exceptionnel soit devenu une habitude pendant un certain temps et que celle-ci ait usé largement de son droit de travailler à domicile, elle n'avait aucunement acquis le droit de travailler à temps partiel à son domicile, son lieu de travail étant en principe le siège de l'entreprise et que dès lors, en tirant les conséquences de son refus de revenir à un mode d'exécution normal du contrat, l'employeur a justifié d'un motif réel et sérieux de licenciement ;

Qu'en statuant ainsi, tout en relevant que la lettre par laquelle l'employeur indiquait à la salariée son intention de lui supprimer la possibilité de travailler à son domicile, lui demandait d'exprimer son accord à la modification proposée avant le 11 août 2007 et qu'à défaut de réponse dans ce délai, elle serait réputée avoir accepté la modification proposée qui ferait l'objet d'un avenant au contrat de travail, ce dont il résultait que l'employeur admettait que sa proposition modifiait le contrat de travail, la cour d'appel, qui n'a pas tiré les conséquences légales de ses constatations, a violé les textes susvisés ;

Par ces motifs : casse et annule, mais en ses seules dispositions rejetant les demandes de Mme X… au titre d'un licenciement sans cause réelle et sérieuse, l'arrêt rendu le 17 novembre 2010, entre les parties, par la cour d'appel de Paris ;

Remet, en conséquence, sur ce point, la cause et les parties dans l'état où elles se trouvaient avant ledit arrêt et, pour être fait droit, les renvoie devant la cour d'appel de Versailles. »

Index

www.ingramcontent.com/pod-product-compliance
Lightning Source LLC
LaVergne TN
LVHW010522060726
842525LV00013B/2960